PAPA FRANCESCO

BUONA VITA

TU SEI UNA MERAVIGLIA

LIBRERIA pienogiorno

IV Edizione, dicembre 2021

Pubblicato per

LIBRERIA **pienogiorno**

da FullDay srl

Introduzione

TU SEI UNA MERAVIGLIA

«Un bambino è nato per noi, ci è stato dato un figlio» (*Is* 9,5).

Ci è stato dato un figlio. Si sente spesso dire che la gioia più grande della vita è la nascita di un bambino. È qualcosa di straordinario, che cambia tutto, che mette in moto energie impensate e fa superare fatiche, disagi e veglie insonni, perché la felicità che porta è così grande che di fronte a lei niente sembra pesare.

La nascita di Gesù è la novità che ci permette ogni anno di rinascere dentro, di trovare in Lui la forza per affrontare ogni prova. Sì, perché la sua nascita è per noi: per me, per te, per tutti noi, per ciascuno.

Per è la parola che ritorna in questa notte santa: «Un bambino è nato *per noi*», ha profetato Isaia; «Oggi è nato *per noi* il Salvatore», ripetiamo al Salmo; Gesù «ha dato se stesso *per noi*» (*Tt* 2,14), ha proclamato san

Paolo; e l'angelo nel Vangelo ha annunciato: «Oggi è nato *per voi* un Salvatore» (*Lc* 2,11). Per me, per voi.

Ma che cosa vuole dire questo *per noi*? Che il Figlio di Dio, il benedetto per natura, viene a farci figli benedetti per grazia. Sì, Dio viene al mondo come figlio per renderci figli di Dio. Che dono stupendo! Oggi Dio ci meraviglia e dice a ciascuno di noi: «Tu sei una meraviglia».

Sorella, fratello, non perderti d'animo. Hai la tentazione di sentirti sbagliato? Dio ti dice: «No, sei *mio* figlio!» Hai la sensazione di non farcela, il timore di essere inadeguato, la paura di non uscire dal tunnel della prova? Dio ti dice: «Coraggio, sono con te». Non te lo dice a parole, ma facendosi figlio come te e per te, per ricordarti il punto di partenza di ogni tua rinascita: riconoscerti figlio di Dio, figlia di Dio. È questo il cuore indistruttibile della nostra speranza, il nucleo incandescente che sorregge l'esistenza: al di sotto delle nostre qualità e dei nostri difetti, più forte delle ferite e dei fallimenti del passato, delle paure e dell'inquietudine per il futuro, c'è questa verità: siamo figli amati. E l'amore di Dio per noi non dipende e non dipenderà mai da noi: è *amore gratuito*. Questa notte non trova spiegazione altro che nella grazia. Soltanto nella grazia. Tutto è grazia. Il dono è gratuito, senza merito di ognuno di noi, pura grazia. Stanotte, ci ha detto san Paolo, «è apparsa infatti la grazia di Dio» (*Tt* 2,11). Niente è più prezioso.

Ci è stato dato un figlio. Il Padre non ci ha dato *qualcosa*, ma il suo stesso Figlio unigenito, che è tutta la sua gioia. Eppure, se guardiamo all'ingratitudine dell'uomo verso Dio e all'ingiustizia verso tanti nostri fratelli, viene un dubbio: il Signore ha fatto bene a donarci così tanto, fa bene a nutrire ancora fiducia in noi? Non ci sopravvaluta? Sì, ci sopravvaluta, e lo fa perché ci ama da morire. Non riesce a non amarci. È fatto così, è tanto diverso da noi. Ci vuole bene sempre, più bene di quanto noi riusciamo ad averne per noi stessi. È il suo segreto per entrare nel nostro cuore. Dio sa che l'unico modo per salvarci, per risanarci dentro, è amarci: non c'è un altro modo. Sa che noi miglioriamo solo accogliendo il suo *amore instancabile,* che non cambia, ma ci cambia. Solo l'amore di Gesù trasforma la vita, guarisce le ferite più profonde, libera dai circoli viziosi dell'insoddisfazione, della rabbia e della lamentela.

Ci è stato dato un figlio. Nella povera mangiatoia di una buia stalla c'è proprio il Figlio di Dio. Sorge un'altra domanda: perché è venuto alla luce nella notte, senza un alloggio degno, nella povertà e nel rifiuto, quando meritava di nascere come il più grande re nel più bello dei palazzi? Perché? Per farci capire fino a che punto ama la nostra condizione umana: fino a toccare con il suo *amore concreto* la nostra peggiore miseria. Il Figlio di Dio è nato scartato per dirci che ogni scartato è figlio di Dio. È venuto al mondo come viene al mondo un bimbo, debole e fragile, perché noi possiamo accogliere con tenerezza le nostre fragilità. E scoprire una cosa importante: come a Betlemme, così anche con noi Dio ama fare grandi cose attraverso le nostre povertà. Ha messo tutta la nostra salvezza nella mangiatoia di una stalla e non teme le nostre povertà. Lasciamo che la sua misericordia trasformi le nostre miserie!

Ecco che cosa vuol dire che un figlio è nato *per noi*. Ma c'è ancora un *per*, che l'angelo dice ai pastori: «Questo *per* voi il segno: un bambino adagiato in una mangiatoia» (*Lc* 2,12). Questo segno, il Bambino nella mangiatoia, è anche per noi, per orientarci nella vita. A Betlemme, che significa "Casa del pane", Dio sta in una mangiatoia, come a ricordarci che per vivere abbiamo bisogno di Lui come del pane da mangiare. Abbiamo bisogno di lasciarci attraversare dal suo amore *gratuito, instancabile, concreto*. Quante volte invece, affamati di divertimento, successo e mondanità, alimentiamo la vita con cibi che non sfamano e lasciano il vuoto dentro! Il Signore, per bocca del profeta Isaia, si lamentava che, mentre il bue e l'asino conoscono la loro mangiatoia, noi, suo popolo, non conosciamo Lui, fonte della nostra vita (cfr *Is* 1,2-3). È vero: insaziabili di avere, ci buttiamo in tante *mangiatoie di vanità*, scordando la mangiatoia di Betlemme. Quella mangiatoia, povera di tutto e ricca di amore, insegna che il nutrimento della vita è lasciarci amare da Dio e amare gli altri. Gesù ci dà l'esempio: Lui, il Verbo di Dio, è infante; non parla, ma offre la vita. Noi invece parliamo molto, ma siamo spesso *analfabeti di bontà*.

Ci è stato dato un figlio. Chi ha un bimbo piccolo, sa quanto amore e quanta pazienza ci vogliono. Occorre nutrirlo, accudirlo, pulirlo, prendersi cura della sua fragilità e dei suoi bisogni, spesso difficili da comprendere. Un figlio fa sentire amati, ma insegna anche ad amare. Dio è nato bambino per spingerci ad avere cura degli altri. Il suo tenero pianto ci fa capire quanto sono inutili tanti nostri capricci; e ne abbiamo tanti! Il suo amore disarmato e disarmante ci ricorda che il tempo che abbiamo non serve a piangerci addosso, ma a consolare le lacrime di chi soffre. Dio prende dimora vicino a noi, povero e bisognoso, per dirci che servendo i poveri ameremo Lui. Da quella notte, come scrisse Emily Dickinson, «la residenza di Dio è accanto alla mia. L'arredo è l'amore».

15 REGOLE
PER UNA BUONA VITA

1

Pensa, lì *dove Dio ti ha seminato, spera*! Sempre spera.

2

Gesù ci ha consegnato *una luce che brilla nelle tenebre: difendila, proteggila*. Quell'unico lume è la ricchezza più grande affidata alla tua vita.

3

Non arrenderti alla notte. Ricorda che il primo nemico da sottomettere non è fuori ma dentro di te. Pertanto, non concedere spazio ai pensieri amari, oscuri. Questo mondo è il primo miracolo che Dio ha fatto, e ha messo nelle nostre mani la grazia di nuovi prodigi. Fede e speranza procedono insieme.

4

Coltiva ideali. Vivi per qualcosa che supera l'uomo. E se un giorno questi ideali ti dovessero chiedere un conto salato da pagare, non smettere mai di portarli nel tuo cuore. La fedeltà ottiene tutto.

5

Credi all'esistenza delle verità più alte e più belle. Confida in Dio Creatore, nello Spirito Santo che muove tutto verso il bene, nell'abbraccio di Cristo che attende ogni uomo alla fine della sua esistenza. Credi, Lui ti aspetta. Il mondo cammina grazie allo sguardo di tanti uomini che hanno aperto brecce, che hanno costruito ponti, che hanno sognato e creduto; anche quando intorno a sé sentivano parole di derisione.

6

Non pensare mai che la lotta che conduci quaggiù sia inutile. Alla fine dell'esistenza non ci aspetta il naufragio: in noi palpita un seme di assoluto. Dio non delude. Se ha posto una speranza nei nostri cuori, non la vuole stroncare con continue frustrazioni. Tutto nasce per fiorire in un'eterna primavera. Anche noi. Dio ci ha fatti per fiorire. Ricordo la poesia del grande poeta greco Nikos Kazantzakis intitolata *Il mandorlo*: «La quercia chiese al mandorlo: / Parlami di Dio. / E il mandorlo fiorì».

7

Ovunque tu sia, costruisci! Se sei caduto, alzati! Non restare mai a terra, alzati, lasciati aiutare per tornare in piedi. Se sei seduto, mettiti in cammino! Se la noia ti paralizza, scacciala con le opere di bene! Se ti senti vuoto o demoralizzato, chiedi che lo Spirito Santo possa nuovamente riempire il tuo nulla.

8

Opera la pace in mezzo agli uomini. E non ascoltare la voce di chi sparge odio e divisioni. Non ascoltare queste voci. Gli esseri umani, per quanto siano diversi gli uni dagli altri, sono stati creati per vivere insieme. Nei contrasti, pazienta: un giorno scoprirai che ognuno è depositario di un frammento di verità.

9

Ama le persone. Amale a una a una. Rispetta il cammino di tutti, lineare o travagliato che sia, perché ognuno ha la propria storia da raccontare. Ciascuno di noi ha una storia unica e insostituibile. Ogni bambino che nasce è la promessa di una vita che ancora una volta si dimostra più forte della morte. Ogni amore che sorge è una potenza di trasformazione che anela alla felicità.

10

E soprattutto, sogna! Non avere paura di sognare. Sogna! Sogna un mondo che ancora non si vede, ma che di certo arriverà. La forza della nostra speranza è credere a una creazione che si estende fino al suo compimento definitivo, quando Dio sarà tutto in tutti. Gli uomini capaci di immaginazione hanno regalato all'umanità scoperte scientifiche e tecnologiche. Hanno solcato gli oceani, hanno calcato terre che nessuno aveva calpestato mai. Gli uomini e le donne che hanno coltivato speranze sono anche quelli che hanno vinto la schiavitù, e portato migliori condizioni di vita per tutti. Pensa a questi uomini e a queste donne.

11

Sii responsabile di questo mondo e della vita di ogni uomo. Pensa che ogni ingiustizia contro un povero è una ferita aperta, e sminuisce la tua stessa dignità. La vita non cessa con la tua esistenza, e in questo mondo verranno altre generazioni che succederanno alla nostra, e tante altre ancora. Ogni giorno domanda a Dio il dono del coraggio. Ricordati che Gesù ha vinto per noi la paura. Lui ha vinto la paura! La nostra nemica più infida non può nulla contro la fede.

12

E quando ti troverai impaurito davanti a qualche difficoltà della vita, *ricordati che tu non vivi solo per te stesso*. Nel Battesimo la tua vita è già stata immersa nel mistero della Trinità e tu appartieni a Gesù. E se un giorno ti prendesse lo spavento, o tu pensassi che il male è troppo grande per essere sfidato, pensa semplicemente che Gesù vive in te. Ed è Lui che, attraverso di te, con la sua mitezza vuole sottomettere tutti i nemici dell'uomo: il peccato, l'odio, il crimine, la violenza.

13

Abbi sempre il coraggio della verità. Però ricordati: non sei superiore a nessuno. Ricordati di questo: non sei superiore a nessuno. Se tu fossi rimasto anche l'ultimo a credere nella verità, non rifuggire per questo dalla compagnia degli uomini. Anche se tu vivessi nel silenzio di un eremo, porta nel cuore le sofferenze di ogni creatura. Sei cristiano, e nella preghiera tutto riconsegni a Dio.

14

Se sbagli, rialzati. Nulla è più umano che commettere errori. Ma quegli stessi errori non devono diventare per te una prigione. Non rimanere ingabbiato nei tuoi sbagli. Il Figlio di Dio è venuto non per i sani, ma per i malati: quindi è venuto anche per te. E se sbaglierai ancora in futuro, non temere, rialzati! Sai perché? Perché Dio è tuo amico.

15

Se ti colpisce l'amarezza, *credi fermamente in tutte le persone che ancora operano per il bene*. Nella loro umiltà c'è il seme di un mondo nuovo. Frequenta le persone che hanno custodito il cuore come quello di un bambino. Impara dalla meraviglia, coltiva lo stupore.

Vivi, ama, sogna, credi. E, con la grazia Dio, non disperare mai.

I

SIAMO TUTTI PREZIOSI

Tu sei importante

Per Dio tu sei realmente prezioso, non sei insignificante. Per Lui sei importante, perché sei opera delle sue mani. Per questo ti dedica attenzione e ti ricorda con affetto. Devi avere fiducia nel ricordo di Dio: la sua memoria non è un "disco rigido" che registra e archivia tutti i nostri dati, la sua memoria è un cuore tenero di compassione, che gioisce nel cancellare definitivamente ogni nostra traccia di male. Non vuole tenere il conto dei tuoi errori e, in ogni caso, ti aiuterà a imparare qualcosa anche dalle tue cadute. Perché ti ama.

È un amore che non si impone e non schiaccia, un amore che non emargina, non mette a tacere e non tace, un amore che non umilia e non soggioga. È l'amore del Signore, amore quotidiano, discreto e rispettoso, amore di libertà e per la libertà, amore che guarisce ed eleva. È l'amore del Signore, che sa più di risalite che di cadute, di riconciliazione che di proibizione, di dare nuova opportunità che di condannare, di futuro che di passato.

Nessuno è escluso dalla gioia

Il grande rischio del mondo attuale, con la sua molteplice e opprimente offerta di consumo, è una tristezza individualistica che scaturisce dal cuore comodo e avaro, dalla ricerca malata di piaceri superficiali, dalla coscienza isolata. Quando la vita interiore si chiude nei propri interessi non vi è più spazio per gli altri, non entrano più i poveri, non si ascolta più la voce di Dio, non si gode più della dolce gioia del suo amore, non palpita l'entusiasmo di fare il bene. Anche i credenti corrono questo rischio, certo e permanente. Molti vi cadono e si trasformano in persone risentite, scontente, senza vita. Questa non è la scelta di una vita degna e piena, questo non è il desiderio di Dio per noi, questa non è la vita nello Spirito che sgorga dal cuore di Cristo risorto.

Invito ogni cristiano, in qualsiasi luogo e situazione si trovi, a rinnovare oggi stesso il suo incontro personale con Gesù Cristo o, almeno, a prendere la decisione di lasciarsi incontrare da Lui, di cercarlo ogni giorno senza sosta. Non c'è motivo per cui qualcuno possa pensare che questo invito non è per lui, perché nessuno è escluso dalla gioia portata dal Signore.

Una grande scommessa

Quando un giovane mi dice: «Che brutti tempi, questi, Padre, non si può fare niente!», io lo manderei dallo psichiatra! Perché è incomprensibile! Non si capisce un giovane, un ragazzo, una ragazza, che non vogliano fare qualcosa di grande, scommettere su ideali grandi, grandi per il futuro. Poi faranno quello che possono, ma la scommessa dev'essere di fare cose grandi e belle. Voi siete artigiani del futuro. Perché? Perché dentro di voi avete tre voglie.

Primo: la *voglia di bellezza*. Quando fate musica, fate teatro o pittura – cose che hanno a che fare con la bellezza – voi state cercando qualcosa che a voi piace: la bellezza. Voi siete cercatori di bellezza.

Secondo: la *voglia di bontà*. Voi siete profeti di bontà. A voi piace la bontà, piace essere buoni. E questa bontà è contagiosa, aiuta tutti gli altri.

E anche – terzo –, voi avete *sete di verità*, cercate la verità. «Ma, Padre, io ho la verità!» Sbagli, perché la verità non si possiede, non la portiamo dentro di noi. La verità, che è Dio, si incontra. Ma per incontrarla, bisogna cercarla.

Queste tre voglie che voi avete nel cuore, dovete portarle avanti, al futuro, dovete creare il futuro con la bellezza, con la bontà e con la verità. Questa è la sfida, la vostra sfida. Ma se voi siete pigri, se siete tristi – che cosa brutta, un giovane triste – se voi siete tristi… quella bellezza non sarà bellezza, quella bontà non sarà bontà e quella verità sarà qualcos'altro…

Pensate bene a questo: scommettete su un grande ideale, l'ideale di fare un mondo di bontà, bellezza e verità.

Anche le mie fragilità hanno un senso

Gesù viene a dare un senso nuovo alle nostre fragilità. Ci ricorda che ai suoi occhi siamo più preziosi di quanto pensiamo. Ci dice che è contento se condividiamo con Lui le nostre fragilità. Ci ripete che la sua misericordia non ha paura delle nostre miserie. E soprattutto ci guarisce con amore da quelle fragilità che da soli non possiamo risanare.

Quali fragilità?, pensiamo. Quella di provare risentimento verso chi ci ha fatto del male – questa da soli non la possiamo guarire –; quella di prendere le distanze dagli altri e isolarci in noi stessi – questa da soli non la possiamo guarire –; quella di piangerci addosso e lamentarci senza trovare pace – anche questa noi da soli non la possiamo guarire. È Lui che ci guarisce con la sua presenza, con il suo Pane, con l'Eucaristia. L'Eucaristia è farmaco efficace contro queste chiusure. Il Pane di vita, infatti, risana le rigidità e le trasforma in docilità.

L'Eucaristia guarisce perché unisce a Gesù: ci fa assimilare il suo modo di vivere, la sua capacità di spezzarsi e donarsi ai fratelli, di rispondere al male con il bene. Ci dona il coraggio di uscire da noi stessi e di chinarci con amore verso le fragilità altrui. Come fa Dio con noi. Questa è la logica dell'Eucaristia: riceviamo Gesù che ci ama e sana le nostre fragilità per amare gli altri e aiutarli nelle loro fragilità. E questo, durante tutta la vita.

La tua preziosa missione

Voglia il Cielo che tu possa riconoscere qual è quella parola, quel messaggio di Gesù che Dio desidera dire al mondo con la tua vita. Lasciati trasformare, lasciati rinnovare dallo Spirito, affinché ciò sia possibile, e così la tua preziosa missione non andrà perduta. Il Signore la porterà a compimento anche in mezzo ai tuoi errori e ai tuoi momenti negativi, purché tu non abbandoni la via dell'amore e rimanga sempre aperto alla sua azione soprannaturale che purifica e illumina.

Dio ama per primo

Dio ci sorprende. Lasciamoci sorprendere da Dio! E non adottiamo la "psicologia da computer" che ci fa credere di sapere tutto. Com'è questa cosa? Un attimo e il computer ti dà tutte le risposte, nessuna sorpresa.

Nella sfida dell'amore, Dio si manifesta con delle sorprese. Pensiamo a san Matteo: era un buon commerciante, in più, tradendo la sua gente, riscuoteva le tasse dei Giudei per darle ai Romani, era pieno di soldi. Passa Gesù, lo guarda e gli dice: «Vieni!» Quelli che stavano con Lui si sorprendono: «Ma come, chiama questo che è un traditore, un infame?» Ma la sorpresa di essere amato lo vince e segue Gesù. Quella mattina quando aveva salutato sua moglie non avrebbe mai pensato che sarebbe tornato senza denaro e di fretta per dirle di preparare un banchetto. Il banchetto per colui che lo aveva amato per primo. Che lo aveva sorpreso con qualcosa di più importante di tutti i soldi che aveva.

Lasciati sorprendere dall'amore di Dio! Non avere paura delle sorprese, che ci scuotono, ci mettono in crisi, ma ci mettono anche in cammino. Il vero amore ti spinge a spendere la vita anche a costo di rimanere a mani vuote.

C'è del bene (anche dove vediamo il male)

Gesù racconta che, in un campo in cui è stato seminato il buon grano, spunta anche la zizzania, un termine che riassume tutte le erbe nocive che infestano il terreno (cfr *Mt* 13,24-43). I servi allora vanno dal padrone per sapere da dove viene la zizzania, e lui risponde: «Un nemico ha fatto questo!» (v. 28). I servi vorrebbero andare subito a strapparla via; invece il padrone dice di no, perché insieme alle erbacce – alla zizzania – si rischierebbe di strappare anche il grano. Bisogna aspettare il momento della mietitura: solo allora si separeranno e la zizzania sarà bruciata. È anche un racconto di buon senso.

L'intenzione dei servi è quella di eliminare subito il male, cioè le persone malvagie, ma il padrone è più saggio, vede più lontano: devono sapere attendere, perché la sopportazione delle persecuzioni e delle ostilità fa parte della vocazione cristiana. Il male, certo, va rigettato, ma i malvagi sono persone con cui bisogna usare pazienza. Non si tratta di quella tolleranza ipocrita che nasconde ambiguità, ma della giustizia mitigata dalla misericordia. Se Gesù è venuto a cercare i peccatori più che i giusti, a curare i malati prima ancora che i sani (cfr *Mt* 9,12-13), anche l'azione di noi, suoi discepoli, dev'essere rivolta non a sopprimere i malvagi, ma a salvarli. È lì, la pazienza.

Il Vangelo presenta due modi di agire e di abitare la storia: da una parte, lo sguardo del padrone, che vede lontano; dall'altra, lo sguardo dei servi, che vedono solo il problema. Ai servi sta a cuore un campo senza erbacce, al padrone sta a cuore il buon grano. Il Signore ci invita ad assumere il suo stesso sguardo, quello che si fissa sul buon grano, che sa custodirlo anche tra le erbacce. Non collabora bene con Dio chi si mette a caccia dei limiti e dei difetti degli altri, ma piuttosto chi sa riconoscere il bene che cresce silenziosamente nel campo della Chiesa e della storia, coltivandolo fino alla maturazione. E allora sarà Dio, e solo Lui, a premiare i buoni e punire i malvagi.

Dio ci perdona accarezzandoci

Dio perdona non con un decreto ma con una carezza. Gesù va anche oltre la legge e perdona accarezzando le ferite dei nostri peccati. Quanti di noi forse meriterebbero una condanna! E sarebbe anche giusta. Ma lui perdona! Come? Con questa misericordia che non cancella il peccato: è il perdono di Dio che lo cancella, mentre la misericordia va oltre.

Come il cielo: noi guardiamo il cielo e le sue stelle, ma quando viene il sole al mattino, con tanta luce, le stelle non si vedono. Così è la misericordia di Dio: una grande luce di amore, di tenerezza.

Dio perdona non con un decreto, ma con una carezza, carezzando le nostre ferite di peccatori perché lui è coinvolto nel perdono, è coinvolto nella nostra salvezza.

Gesù fa il confessore. Non umilia la donna adultera, non le dice: cosa hai fatto, quando l'hai fatto, come l'hai fatto e con chi l'hai fatto! Le dice di andare e di non peccare più. È grande la misericordia di Dio, è grande la misericordia di Gesù: perdonarci accarezzandoci.

Punta in alto

Non avere paura della santità. Non ti toglierà forze, vita e gioia. Tutto il contrario, perché arriverai a essere quello che il Padre ha pensato quando ti ha creato e sarai fedele al tuo stesso essere.

Non avere paura di puntare più in alto, di lasciarti amare e liberare da Dio. Non avere paura di lasciarti guidare dallo Spirito Santo. La santità non ti rende meno umano, perché è l'incontro della tua debolezza con la forza della grazia. In fondo, come diceva León

Bloy, nella vita «non c'è che una tristezza, quella di non essere santi».

Se vuoi, puoi guarirmi!

Qual è la fede grande? La fede grande è quella che porta la propria storia, segnata anche dalle ferite, ai piedi del Signore, domandando a Lui di guarirla, di darle un senso. Ognuno di noi ha la propria storia e non sempre è una storia pulita; tante volte è una storia difficile, con tanti dolori, tanti guai e tanti peccati. Cosa faccio, io, con la mia storia? La nascondo? No! Dobbiamo portarla davanti al Signore: «Signore, se Tu vuoi, puoi guarirmi!»

L'inquietudine è un seme

Quando sento che un giovane o una giovane prova inquietudine, io avverto il dovere di servire questi giovani, di dare un servizio a questa inquietudine, perché essa è come un seme, che poi germinerà e darà frutti. E io in questo momento sento di offrire un servizio a ciò che è più prezioso: la vostra inquietudine.

Dio ha pazienza con te

Ognuno di noi potrebbe essere quel servo della parabola del perdono (cfr *Mt* 18, 21-35) che ha un grande debito da saldare, ma talmente grande che non potrebbe mai farcela. Anche noi, quando nel confessionale ci mettiamo in ginocchio davanti al sacerdote, non facciamo altro che ripetere lo stesso gesto del servo. Diciamo: «Signore, abbi pazienza con me». Voi avete pensato qualche volta alla pazienza di Dio? Ha tanta pazienza. Sappiamo bene, infatti, che siamo pieni di difetti e ricadiamo spesso negli stessi peccati. Eppure, Dio non si stanca di offrire sempre il suo perdono ogni volta che lo chiediamo. È un perdono pieno, totale, con il quale ci dà certezza che, nonostante possiamo commettere gli stessi errori, Lui ha pietà di noi e non smette di amarci. Come il padrone della parabola, Dio *si impietosisce,* cioè prova un sentimento di *pietà* unito alla *tenerezza*: è un'espressione per indicare la sua *misericordia* nei nostri confronti. Il nostro Padre, infatti, si impietosisce sempre quando siamo pentiti, e ci rimanda a casa con il cuore tranquillo e sereno dicendoci che ci ha condonato ogni cosa e perdonato tutto. Il perdono di Dio non conosce limiti; va oltre ogni nostra immaginazione e raggiunge chiunque, nell'intimo del cuore, riconosce di avere sbagliato e vuole ritornare a Lui. Dio guarda al cuore che chiede di essere perdonato.

Nessuno può dare al mondo quello che puoi dare tu

«Io voglio possedere la vita, possedere la mia vita. Come devo fare?» La vita è una realtà speciale: si possiede solo donandola. Così tu possederai la tua vita! Ma tu potresti dire: «Anche se do il meglio di me, la realtà non cambierà in meglio». Non è vero. Sai perché? Perché tu sei unico. Perché nessun altro può dare al mondo quello che sei chiamato a dare tu. La stessa cosa qualcuno diceva a Madre Teresa di Calcutta: «Ma lei suora, fa queste cose con i poveri, con i moribondi... fa tante cose belle... Ma a cosa serve, in un mondo così pagano, così ateo, così malvagio?» E lei diceva: «Una goccia in più nel mare. Se non la darò io non la darà nessuno».

Nessuno può dare quello che io, unico, posso dare. Nessuno al mondo può dare quello che sei chiamato a dare tu! Ciascuno di voi è unico e – per favore non dimenticatelo mai – è prezioso agli occhi di Dio. Per la Chiesa siete preziosi, per me siete preziosi. Vorrei dirlo a ciascuno di voi: per me tu sei prezioso. Per Dio tu sei prezioso. Sarebbe bello che dal cuore ve lo diceste l'un l'altro ogni volta che vi trovate insieme, dal cuore: «Tu sei prezioso, tu sei prezioso...»

II

IL MEGLIO DELLA VITA

La lezione più importante

Oggi con tanti *media* siamo superinformati: questo è un male? No. Questo è bene e aiuta, però corriamo il pericolo di vivere accumulando semplicemente informazioni. Abbiamo tante informazioni, ma forse non sappiamo cosa farcene. Rischiamo di diventare "giovani-museo", che hanno tutto ma non sanno come usare quel che hanno. Non abbiamo bisogno di giovani-museo, ma di giovani sapienti! Potreste chiedermi: «Padre, come si arriva a essere sapienti?» E questa è un'altra sfida, la sfida dell'amore.

Qual è la materia più importante che bisogna imparare all'università? Qual è la più importante da imparare nella vita? Imparare ad amare! Questa è la sfida che la vita pone a voi oggi. Imparare ad amare! Non solo accumulare informazioni senza sapere che cosa farsene. Ma attraverso l'amore far sì che queste informazioni siano feconde.

Per questo scopo il Vangelo ci propone un cammino sereno, tranquillo: usare i tre linguaggi, il linguaggio della mente, il linguaggio del cuore e il linguaggio delle mani. Questi tre linguaggi agiscono in modo armonioso: quello che pensi lo senti e lo realizzi. La tua informazione scende al cuore, lo commuove e lo realizza. E questo armoniosamente.

L'armonia della saggezza

Noi – è peccato – siamo "macrocefali": tante nostre università ci insegnano idee, concetti... Siamo eredi del liberalismo, dell'illuminismo... Ma abbiamo perso l'armonia dei tre linguaggi. Il linguaggio della testa: pensare; il linguaggio del cuore: sentire; il linguaggio delle mani: fare.

Per realizzare questa armonia occorre che ognuno pensi quello che sente e fa; senta quello che pensa e fa; faccia quello che sente e pensa. Questa è l'armonia della saggezza. Non intendo parlare in senso negativo della disarmonia delle specializzazioni. Ci vogliono gli specialisti, ci vogliono. A patto che siano radicati nella saggezza umana. Gli specialisti, sradicati da questa saggezza, sono dei robot.

Oltre la dolce vita

Quando sono andato in Amazzonia, ho incontrato tanta gente. Sono stato a Puerto Maldonado, nell'Amazzonia peruviana. Ho parlato con tante persone, con tante culture indigene differenti. Poi ho pranzato con quattordici loro capi, tutti con le piume, vestiti come da tradizione. Parlavano in un linguaggio impregnato di un'elevata saggezza e intelligenza! Non solo di intelligenza, ma di saggezza. Ho domandato a uno di loro: «Lei cosa fa?» – «Io sono professore all'università». Un indigeno che lì indossava le piume, ma all'università andava in borghese. «E lei signora?» – «Io sono la responsabile del ministero dell'Educazione di tutta questa regione». E così, uno dopo l'altro. E infine una ragazza: «Io sono studentessa di Scienze politiche». E lì ho capito che è necessario modificare l'immagine che noi abbiamo degli indigeni, vestiti di piume e di frecce. Fianco a fianco con loro, ho scoperto la saggezza di quei popoli. Anche la saggezza del "buon vivere", come lo chiamano loro. Il "buon vivere" non è la dolce vita, non è il dolce far niente. No. Il buon vivere è vivere in armonia con il creato. Una saggezza del buon vivere che noi abbiamo perso. I popoli originari ci indicano questa porta aperta.

Il valore delle piccole cose

La spiritualità cristiana propone un modo alternativo di intendere la qualità della vita, e incoraggia uno stile di vita profetico e contemplativo, capace di gioire profondamente senza l'ossessione del consumo. È importante accogliere un antico insegnamento, presente in diverse tradizioni religiose, e anche nella Bibbia. Si tratta della convinzione che "meno è di più". Infatti il costante cumulo di possibilità di consumare distrae il cuore e impedisce di apprezzare ogni cosa e ogni momento. Al contrario, rendersi presenti serenamente davanti a ogni realtà, per quanto piccola possa essere, ci apre molte più possibilità di comprensione e di realizzazione personale. La spiritualità cristiana propone una crescita nella sobrietà e una capacità di godere con poco. È un ritorno alla semplicità che ci permette di fermarci a gustare le piccole cose, di ringraziare delle possibilità che offre la vita senza attaccarci a ciò che abbiamo né rattristarci per ciò che non possediamo. Questo richiede di evitare la dinamica del dominio e della mera accumulazione di piaceri.

Alla fine, l'unica ricchezza è l'amore

Alla fine della vita sarà svelata la realtà: tramonterà la finzione del mondo, secondo cui il successo, il potere e il denaro danno senso all'esistenza, mentre l'amore, quello che abbiamo donato, emergerà come la vera ricchezza. Quelle cose cadranno, invece l'amore emergerà. Un grande Padre della Chiesa, san Giovanni Crisostomo, scriveva: «Così avviene nella vita: dopo che è sopraggiunta la morte ed è finito lo spettacolo, tutti si tolgono la maschera della ricchezza e della povertà e se ne vanno via da questo mondo. E sono giudicati solamente in base alle loro opere, alcuni realmente ricchi, altri poveri».

Girovagare non è viaggiare

Assicuratevi di scegliere la strada giusta. Cosa vuol dire? Vuol dire saper *viaggiare* nella vita, non *girovagare senza meta*. Io vi faccio una domanda: voi cosa fate, viaggiate o girovagate? La nostra vita non è senza direzione, ha uno scopo, uno scopo datoci da Dio. Egli ci guida, orientandoci con la sua grazia. È come se avesse posizionato dentro di noi un software, che ci aiuta a discernere il suo programma divino e a rispondergli nella libertà. Ma, come ogni software, anch'esso necessita di essere costantemente aggiornato. *Tenete aggiornato il vostro programma*, prestando ascolto al Signore e accettando la sfida di fare la sua volontà. È un po' triste quando il software non è aggiornato; ed è ancora più triste quando è guasto e non serve.

Sii sovrano di te stesso

Non aspettare a convertirti al Signore, non rimandare di giorno in giorno il cambiamento della tua vita. Se tu sai che hai questo difetto, fermati un minuto, prima di andare a letto; esamina la tua coscienza e prendi il cavallo per le redini, comanda tu. Di' a te stesso: Sì, ho sbagliato, ho avuto tanti fallimenti, tanti insuccessi, ma domani vorrei che questo non succedesse più.

Occorre prendere coscienza dei propri fallimenti. Tutti ne abbiamo, e tutti i giorni, e tanti. Ma non spaventarti, soltanto non credere che sono cosa comune, che sono il sale di ogni giorno, no.

Se prendo per le redini questa passione, il dominatore sarò io, io sarò il responsabile delle mie azioni. Bastano soltanto cinque minuti, prima di andare a letto per imparare a essere più "sovrano" di me stesso, il giorno dopo. Chiediamoci: Cosa è successo oggi? Cosa è successo nella mia anima? Facciamo questo piccolo esame di coscienza ogni giorno, per convertirci al Signore. Concludiamo ripromettendoci che: «Domani cercherò di fare in modo che questo non accada più». Accadrà ancora, forse un po' meno, ma sarai riuscito a governare tu e non a essere governato dalle tue passioni, dalle tante cose che ci succedono, perché nessuno di noi è sicuro di come finirà la propria vita e quando finirà.

Bastano soli cinque minuti alla fine della giornata.

Tutto invoca misericordia

Più forte di qualsiasi argomentazione contraria, nel cuore dell'uomo c'è una voce che invoca. Tutti abbiamo questa voce, dentro. Una voce che esce spontanea, senza che nessuno la comandi, una voce che s'interroga sul senso del nostro cammino quaggiù, soprattutto quando ci troviamo nel buio: «Gesù, abbi pietà di me! Gesù, abbi pietà di me!» Bella preghiera, questa. Ma queste parole non sono forse scolpite nell'intero creato? Tutto invoca e supplica perché il mistero della misericordia trovi il suo compimento definitivo. Non pregano solo i cristiani: essi condividono il grido della preghiera con tutti gli uomini e le donne. Ma l'orizzonte può essere ancora allargato: Paolo afferma che l'intera creazione «geme e soffre le doglie del parto» (*Rm* 8,22). Gli artisti si fanno spesso interpreti di questo grido silenzioso del creato, che preme in ogni creatura ed emerge soprattutto nel cuore dell'uomo, perché l'uomo è un "mendicante di Dio". Bella definizione dell'uomo: "mendicante di Dio".

L'amore di Cristo non è una telenovela

Guardate che l'amore di cui parla Giovanni nel Vangelo non è l'amore delle telenovele! No, è un'altra cosa! L'amore cristiano ha sempre una qualità: la concretezza. L'amore cristiano è concreto. Lo stesso Gesù, quando parla dell'amore, ci parla di cose concrete: dare da mangiare agli affamati, visitare gli ammalati.

Quando non c'è questa concretezza si finisce per vivere un cristianesimo di illusioni, perché non si capisce bene dov'è il centro del messaggio di Gesù. L'amore non arriva a essere concreto e diventa un amore di illusioni. Come quella che ebbero i discepoli quando, guardando Gesù, credettero che fosse un fantasma, come racconta il passo evangelico di Marco (6,

45-52). Ma un amore di illusioni, non concreto, non ci fa bene. Quando succede questo? La risposta si trova chiarissima nel Vangelo. Quando i discepoli pensano di vedere un fantasma, dentro di sé sono fortemente meravigliati perché non hanno compreso la moltiplicazione dei pani: il loro cuore era indurito. E se tu hai il cuore indurito, non puoi amare. E pensi che l'amore è figurarsi cose. No, l'amore è concreto!

C'è un criterio fondamentale per vivere davvero l'amore, il criterio è la fede nell'incarnazione del Verbo, Dio fatto uomo. Non c'è un cristianesimo vero senza questo fondamento. La chiave della vita cristiana è la fede in Gesù Cristo Verbo di Dio fatto uomo.

Ci sono alcune conseguenze di questo criterio: la prima è che l'amore è più nelle opere che nelle parole. Lo stesso Gesù l'ha detto: non quelli che mi dicono "Signore Signore", che parlano tanto, entreranno nel Regno dei cieli; ma quelli che fanno la volontà di Dio. Il primo criterio è amare con le opere, non con le parole. Le parole le porta via il vento: oggi ci sono, domani non ci sono più.

Il secondo criterio di concretezza è: nell'amore è più importante dare che ricevere. La persona che ama dà, dà cose, dà vita, dà se stesso a Dio e agli altri. Invece la persona che non ama e che è egoista cerca sempre di ricevere. Cerca sempre di avere cose, avere vantaggi. Ecco, allora, il consiglio è di rimanere col cuore aperto, non come quello dei discepoli che era chiuso. Si tratta di rimanere in Dio così Dio rimane in noi. E rimanere nell'amore.

Scelte grandi rendono grande la vita

La vita è il tempo delle scelte forti, decisive, eterne. Scelte banali portano a una vita banale, scelte grandi rendono grande la vita. Noi, infatti, diventiamo quello che scegliamo, nel bene e nel male. Se scegliamo di rubare diventiamo ladri, se scegliamo di pensare a noi stessi diventiamo egoisti, se scegliamo di odiare diventiamo arrabbiati, se scegliamo di passare ore attaccati a un cellulare diventiamo dipendenti. Ma se scegliamo Dio diventiamo ogni giorno più amati, e se scegliamo di amare diventiamo felici. È così, perché *la bellezza delle scelte dipende dall'amore*: non dimenticare questo. Gesù sa che se viviamo chiusi e indifferenti restiamo paralizzati, ma se ci spendiamo per gli altri diventiamo liberi. Il Signore della vita ci vuole pieni di vita e ci dà il segreto della vita: la si possiede solo donandola. Questa è una regola di vita: la vita si possiede, adesso ed eternamente, solo donandola.

Ogni giorno, tante scelte si affacciano al cuore. Vorrei darvi un consiglio per allenarsi a scegliere bene. Se ci guardiamo dentro, vediamo che in noi sorgono spesso due domande diverse e opposte. Una è: *che cosa mi va di fare*? È una domanda che spesso inganna, perché insinua che l'importante è pensare a se stessi e assecondare tutte le voglie e le pulsioni che vengono. Ma la domanda che lo Spirito Santo suggerisce al cuore è un'altra: non *che cosa ti va?*, ma *che cosa ti fa bene?* Qui sta la scelta quotidiana, che cosa mi va di fare o che cosa mi fa bene? Da questa ricerca interiore possono derivare scelte banali o scelte grandi, dipende da noi.

III

IL MOMENTO UNICO È ADESSO

La nuova vita

Gesù, entrando nella cittadina di Nain, in Galilea, s'imbatte in un corteo funebre che accompagna alla sepoltura un giovane, figlio unico di una madre vedova. Gesù, colpito dal dolore straziante di questa donna, compie il miracolo di risuscitare suo figlio. (*Lc* 7,13-14).

Il Vangelo non dice il nome del ragazzo risuscitato. Questo è un invito al lettore a immedesimarsi in lui. Gesù parla a te, a me, a ognuno di noi, e dice: «Alzati!» Sappiamo bene che anche noi cristiani cadiamo e ci dobbiamo sempre rialzare. Solo chi non cammina non cade, ma non va nemmeno avanti. Per questo bisogna accogliere l'intervento di Cristo e fare un atto di fede in Dio. Il primo passo è accettare di alzarsi. La nuova vita che Egli ci darà sarà buona e degna di essere vissuta, perché sarà sostenuta da Qualcuno che ci accompagnerà anche in futuro senza mai lasciarci, aiutandoci a spendere questa nostra esistenza in modo degno e fecondo.

È realmente una nuova creazione, una nuova nascita. Non è un condizionamento psicologico. Probabilmente, nei momenti di difficoltà, tanti di voi si saranno sentiti ripetere le parole "magiche" che oggi vanno di moda e dovrebbero risolvere tutto: «Devi credere in te stesso», «Devi trovare le risorse dentro di te», «Devi prendere coscienza della tua energia positiva». Ma tutte queste sono semplici parole e per chi è veramente "morto dentro" non funzionano. La parola di Cristo è di un altro spessore, è infinitamente superiore. È una parola divina e creatrice, che sola può riportare la vita dove questa si era spenta.

Siamo in debito

Siamo stati pensati prima che imparassimo a pensare; siamo stati amati prima che imparassimo ad amare; siamo stati desiderati prima che nel nostro cuore spuntasse un desiderio. Se guardiamo la vita così, allora il "grazie" diventa il motivo conduttore delle nostre giornate. Eppure tante volte dimentichiamo di dire "grazie". I cristiani, come tutti i credenti, benedicono Dio per il dono della vita. Vivere è anzitutto aver ricevuto la vita: tutti nasciamo perché qualcuno l'ha desiderata per noi. E questo è solo il primo di una lunga serie di debiti che contraiamo vivendo. Debiti di riconoscenza.

Nella nostra esistenza, più di una persona ci ha guardato con occhi puri, gratuitamente. Spesso si tratta di educatori, catechisti, persone che hanno svolto il loro ruolo oltre la misura richiesta dal dovere. E hanno fatto sorgere in noi la gratitudine.

Quando tu ringrazi, esprimi la certezza di essere amato. E questo è un passo grande: avere la certezza di essere amato. È la scoperta dell'amore come forza che regge il mondo.

Il vero amore rende belli dentro

Fidati di Gesù. Egli, dopo aver detto *date,* aggiunge: *e vi sarà dato*. Dio è Padre e vi darà più di quello che immaginate. Dio non lascia a mani vuote. Quando sembra che ti tolga qualcosa, è solo per fare spazio e darti di più e meglio, per farti avanzare nel cammino. Ti libera delle false promesse dei consumi per farti libero dentro. Gesù ti rende felice dentro, non fuori. Non ti fa il maquillage, no: ti fa bello da dentro, ti fa bella da dentro! Non da fuori. Ti dà quello che nessuna cosa ti può dare; perché l'ultimo smartphone, la macchina più veloce o il vestito alla moda, oltre a non bastare mai, non ti daranno mai la gioia di sentirti amato e anche la gioia di amare. È questa la vera gioia: sentirti amato e amare.

Quando viene via il trucco

Ci sono i cristiani di apparenza soltanto: persone che si truccano da cristiani e nel momento della prova hanno soltanto il trucco. E noi sappiamo cosa succede a una donna truccata quando va per la strada e viene la pioggia e non ha l'ombrello: tutto viene giù, le apparenze finiscono per terra.

Alberi giovani e radici forti

A volte ho visto alberi giovani, belli, che alzavano i loro rami verso il cielo tendendoli sempre più in alto, e sembravano un canto di speranza. Successivamente, dopo una tempesta, li ho trovati caduti, senza vita. Poiché avevano disteso i loro rami senza prima mettere radici profonde nel terreno, hanno ceduto agli assalti della natura. Per questo mi fa male vedere che alcuni propongono ai giovani di costruire un futuro senza radici, come se il mondo iniziasse adesso. Perché è impossibile che uno cresca se non ha radici forti che aiutino a stare bene in piedi e attaccato alla terra. È facile "volare via" quando non si ha dove attaccarsi, dove fissarsi.

Le radici non sono àncore che ci legano ad altre epoche e ci impediscono di incarnarci nel mondo attuale per far nascere qualcosa di nuovo. Sono, al contrario, un punto di appoggio che ci consente di crescere e di rispondere alle nuove sfide.

Quali sono le mie radici?

Vi domando: in questo tempo di crisi, voi avete radici? Ognuno si chieda nel proprio cuore: «Quali sono le mie radici?» O forse le avete perse? «Sono un giovane con radici, o sono un giovane *sradicato*?» Sei radicato nella cultura del tuo popolo? Sei radicato nei valori del tuo popolo, della tua famiglia? O sei un po' per aria – scusatemi la parola – un po' "gassoso", senza fondamenta? «Ma, padre, dove posso trovare le radici?» Nella vostra cultura troverete tante radici! Nel dialogo con gli altri... Ma soprattutto – e questo voglio sottolinearlo – nel dialogo con i vecchi. Parlate con i vecchi, ascoltateli. «Padre, loro dicono sempre le stesse cose!» Ascoltateli ugualmente. Litigate con loro, perché se tu litighi con i vecchi, loro parleranno più profondamente e ti sveleranno cose. Loro devono darti le radici, radici che poi – nelle tue mani – produrranno speranza che fiorirà nel futuro. In modi diversi, ma con radici. Senza radici, tutto è perduto: non si può creare speranza senza radici. Un poeta diceva: «Quello che l'albero ha di fiorito, viene da quello che ha di sotterrato», dalle radici. Cercate le radici.

Tre consigli dello Spirito Santo per una vita buona

1. Abita il presente

Il primo consiglio dello Spirito Santo è: «Abita il presente». Il presente, non il passato o il futuro. Il Paraclito afferma *il primato dell'oggi,* contro la tentazione di farci paralizzare dalle amarezze e dalle nostalgie del passato, oppure di concentrarci sulle incertezze del domani e lasciarci ossessionare dai timori per l'avvenire. Lo Spirito ci ricorda la grazia del presente. Non c'è tempo migliore per noi: adesso, lì dove siamo, è il momento unico e irripetibile per fare del bene, per fare della vita un dono. Abitiamo il presente!

2. *Cerca l'insieme*

Poi il Paraclito consiglia: «Cerca l'insieme». L'insieme, non la parte. Lo Spirito non plasma degli individui chiusi, ma ci fonda come Chiesa nella multiforme varietà dei carismi, in un'unità che non è mai uniformità. Il Paraclito afferma *il primato dell'insieme.* Nell'insieme, nella comunità lo Spirito predilige agire e portare novità. Guardiamo agli Apostoli. Erano molto diversi: tra loro, ad esempio, c'erano Matteo, pubblicano che aveva collaborato con i Romani, e Simone, detto Zelota, che si opponeva a loro. C'erano idee politiche opposte, visioni del mondo differenti. Ma quando ricevono lo Spirito imparano a non dare il primato ai loro punti di vista umani, ma all'insieme di Dio. Oggi, se ascoltiamo lo Spirito, non ci concentreremo su conservatori e progressisti, tradizionalisti e innovatori, Destra e Sinistra: se i criteri sono questi, vuol dire che nella Chiesa si dimentica lo Spirito. Il Paraclito spinge all'unità, alla concordia, all'*armonia delle diversità.* Ci fa vedere parti dello stesso Corpo, fratelli e sorelle tra noi. Cerchiamo l'insieme! Il nemico vuole che la diversità si trasformi in opposizione e per questo la fa diventare ideologia. Dire "no" alle ideologie, "sì" all'insieme.

3. Metti Dio prima dell'io

Infine, il terzo grande consiglio: «Metti Dio prima del tuo io». È il passo decisivo della vita spirituale, che non è una collezione di meriti e di opere nostre, ma umile accoglienza di Dio. Il Paraclito afferma *il primato della grazia*. Solo se ci svuotiamo di noi stessi lasciamo spazio al Signore; solo se ci affidiamo a Lui ritroviamo noi stessi; solo da poveri in spirito diventiamo ricchi di Spirito Santo. Vale anche per la Chiesa. Non salviamo nessuno e nemmeno noi stessi con le nostre forze. Se in primo luogo ci sono i nostri progetti, le nostre strutture e i nostri piani di riforma scadremo nel funzionalismo, nell'efficientismo, nell'orizzontalismo e non porteremo frutto. Gli "ismi" sono ideologie che dividono, che separano. La Chiesa non è un'organizzazione umana – è umana, ma non è solo umana –, la Chiesa è il tempio dello Spirito Santo. Gesù ha portato il fuoco dello Spirito sulla Terra e la Chiesa si riforma con l'unzione, la gratuità dell'unzione della grazia, con la forza della preghiera, con la gioia della missione, con la bellezza disarmante della povertà. Mettiamo Dio al primo posto!

IV

DA EVITARE ACCURATAMENTE

Il principe del mondo ci inganna la vita

Pensiamo a come il principe del mondo provò a far cadere Gesù in tentazione durante i quaranta giorni nel deserto. Gesù digiunava ma lui lo tentava: «Ma fai il bravo! Hai fame? Mangia. Tu puoi farlo». Lo istigava anche un po' alla vanità: «Tu sei venuto per salvare la gente. Risparmia tempo, vai sul tetto del tempio e buttati giù, così tutti vedranno questo miracolo e sarà tutto finito: tu avrai autorità». Ma pensiamo a questo: Gesù non ha mai risposto a questo principe con le sue parole! Mai. È andato a prendere la parola di Dio e con la parola di Dio ha risposto.

E come ha fatto con Gesù, il principe del mondo farà con noi: «Ma guarda, fa' questo... è una piccola truffa... non c'è niente di male... è piccola» e così comincia a portarci su una strada un pochino ingiusta.

Gesù ci ha detto: «Io invio voi come pecorelle in mezzo ai lupi. Siate prudenti, ma semplici». Se però ci lasciamo prendere dallo spirito di vanità e pensiamo di contrastare i lupi facendoci noi stessi lupi «questi vi mangeranno vivi». Perché se smetti di essere pecorella, non hai un pastore che ti difende e cadi nelle mani dei lupi.

Voi potreste chiedere: «Padre, ma qual è l'arma per difendersi da queste seduzioni, da questi fuochi d'artificio che fa il principe di questo mondo, dalle sue lusinghe?» L'arma è la stessa di Gesù: la parola di Dio, e poi l'umiltà e la mitezza. Pensiamo a Gesù quando gli danno lo schiaffo: che umiltà, che mitezza. Poteva insultare e invece ha fatto solo una domanda umile e mite. Pensiamo a Gesù nella sua Passione. Il profeta di lui dice «come una pecora che va al mattatoio, non grida niente». L'umiltà. Umiltà e mitezza: queste sono le armi che il principe del mondo, lo spirito del mondo non tollera, perché le sue sono proposte di potere mondano, di vanità, di ricchezze. L'umiltà e la mitezza non le tollera.

I pigri non entreranno nel Regno dei cieli

Dio detesta la pigrizia e ama l'azione. I pigri non potranno ereditare la voce del Signore. Capito? Non si tratta di muoversi per tenersi in forma, di correre tutti i giorni per allenarsi. No, non si tratta di quello. Si tratta di muovere il cuore, *mettere il cuore in cammino.*

Pensate al giovane Samuele. Stava giorno e notte nel tempio, eppure era in continuo movimento, perché non stava immerso nei suoi affari, ma era in ricerca. Se tu vuoi ascoltare la voce del Signore, mettiti in cammino, vivi in ricerca. Il Signore parla a chi è *in ricerca*. Chi cerca, cammina. Essere in ricerca è sempre sano; sentirsi già arrivati, soprattutto per i giovani, è tragico. Capito? Non sentitevi mai arrivati, mai!

Se dimentichiamo ciò che è buono...

Ci ricordiamo di lodare Dio? Lo ringraziamo per le grandi cose che fa per noi? Per ogni giornata che ci dona, perché ci ama e ci perdona sempre, per la sua tenerezza? E ancora, per averci dato sua Madre, per i fratelli e le sorelle che ci mette sul cammino, perché ci ha aperto il Cielo? Noi ringraziamo Dio, lodiamo Dio per queste cose? Se dimentichiamo il bene, il cuore si rimpicciolisce. Ma se, come Maria, ricordiamo le grandi cose che il Signore compie, se almeno una volta al giorno lo magnifichiamo, allora facciamo un grande passo in avanti. Una volta al giorno possiamo dire: «Io lodo il Signore». «Benedetto il Signore» è una piccola preghiera di lode. Questo è lodare Dio. Il cuore, con questa piccola preghiera, si dilaterà, la gioia aumenterà. Chiediamo alla Madonna, porta del Cielo, la grazia di iniziare ogni giorno alzando lo sguardo verso il cielo, verso Dio, per dirgli: «Grazie!», come dicono i piccoli ai grandi.

Tre nemici del bene

Ci sono tre nemici sempre accovacciati alla porta del cuore: il narcisismo, il vittimismo e il pessimismo.

1. *Il narcisismo* fa idolatrare se stessi, fa compiacere solo dei propri tornaconti. Il narcisista pensa: «La vita è bella se io ci guadagno». E così arriva a dire: «Perché dovrei donarmi agli altri?» Quanto fa male il narcisismo, il ripiegarsi sui propri bisogni, indifferenti a quelli altrui, il non ammettere le proprie fragilità e i propri sbagli.

2. Ma anche il secondo nemico, *il vittimismo,* è pericoloso. Il vittimista si lamenta ogni giorno del prossimo: «Nessuno mi capisce, nessuno mi aiuta, nessuno mi vuol bene, ce l'hanno tutti con me!» Quante volte abbiamo sentito queste lamentele! E il suo cuore si chiude, mentre si domanda: «Perché gli altri non si donano a me?» Pensare che nessuno ci comprenda e provi quello che proviamo noi, questo è il vittimismo. E quanto è brutto!

3. Infine c'è *il pessimismo.* Qui la litania quotidiana è: «Non va bene nulla, la società, la politica, la Chiesa…» Il pessimista se la prende col mondo, ma resta inerte e pensa: «Intanto a che serve donare? È inutile». Quanto è dannoso il pessimismo, il vedere tutto nero, il ripetere che nulla tornerà più come prima! Pensando così, quello che sicuramente non torna è la speranza.

Con questi tre idoli – il dio-specchio; il dio-lamentela («io mi sento persona nelle lamentele») e il dio-negatività («tutto è nero, tutto è scuro») – ci troviamo nella *carestia della speranza.* Invece abbiamo bisogno di apprezzare il dono della vita, il dono che ciascuno di noi è. Per questo abbiamo bisogno dello Spirito Santo, dono di Dio che ci guarisce dai tre idoli, ci guarisce dallo specchio, dalle lamentele e dal buio.

L'individualismo

L'individualismo non ci rende più liberi, più uguali, più fratelli. La mera somma degli interessi individuali non è in grado di generare un mondo migliore per tutta l'umanità. Neppure può preservarci da tanti mali che diventano sempre più globali. Ma l'individualismo radicale è il virus più difficile da sconfiggere. Inganna. Ci fa credere che tutto consiste nel dare briglia sciolta alle proprie ambizioni, come se accumulando ambizioni e sicurezze individuali potessimo costruire il bene comune.

C'è una peste più brutta del Covid

Quando noi vediamo uno sbaglio, un difetto, una scivolata, in quel fratello o quella sorella, di solito la prima cosa che facciamo è andare a raccontarlo agli altri, a spettegolare. I pettegolezzi chiudono il cuore alla comunità, chiudono l'unità della Chiesa. Il grande chiacchierone è il diavolo, che sempre va dicendo le cose brutte degli altri, perché lui è il bugiardo che cerca di disunire la Chiesa, di allontanare i fratelli e non fare comunità. Per favore, fratelli e sorelle, facciamo uno sforzo per non spettegolare. Il chiacchiericcio è una peste più brutta del Covid! Facciamo uno sforzo: niente pettegolezzi. Servono silenzio e preghiera per il fratello e per la sorella che sbagliano, ma mai il chiacchiericcio.

Non giudicare nessuno

La mitezza nella comunità, il lasciare il posto all'altro, è una virtù un po' dimenticata. Sono tanti i nemici della mitezza, a incominciare dalle chiacchiere, quando si preferisce sparlare dell'altro, bastonarlo un po'. Sono cose quotidiane che capitano a tutti, anche a me.

Sono tentazioni del maligno che non vuole che lo Spirito venga da noi e instauri la pace, la mitezza nelle comunità cristiane. Andiamo in parrocchia, e le signore della catechesi lottano contro quelle della Caritas... Sempre ci sono queste lotte. Anche in famiglia o nel quartiere. Perfino tra amici. Non è questa la vita nuova. Quando viene lo Spirito Santo ci fa nascere in una vita nuova, ci fa miti, caritatevoli.

Non giudicare nessuno: l'unico giudice è il Signore. Se, con la grazia dello Spirito, riusciamo a non spettegolare mai, sarà un gran bel passo avanti. E farà bene a tutti.

La tentazione del "magari..."

Troppe volte, guardando alla nostra vita, vediamo solo quello che ci manca e ci lamentiamo di quello. Allora cediamo alla tentazione del "magari...": magari avessi quel lavoro, magari avessi quella casa, magari avessi soldi e successo, magari non avessi quel problema, magari avessi persone migliori attorno a me! Ma l'illusione del "magari" ci impedisce di vedere il bene e ci fa dimenticare i talenti che abbiamo. Sì, tu non hai *quello*, ma hai *questo*, e il "magari" fa sì che lo dimentichiamo. Dio ce li ha affidati perché conosce ognuno di noi e sa di cosa siamo capaci; si fida di noi, nonostante le nostre fragilità. Si fida anche di quel servo che nasconderà il talento: Dio spera che, malgrado le sue paure, anche lui utilizzi bene quanto ha ricevuto. Insomma, il Signore ci chiede di impegnare il tempo presente senza nostalgie per il passato, ma nell'attesa operosa del suo ritorno. Quella brutta nostalgia, che è come un umore nero che avvelena l'anima e ci fa guardare sempre indietro, sempre agli altri, ma mai alle nostre mani, alle possibilità di lavoro che il Signore ci ha dato, alle nostre condizioni, anche alle nostre povertà.

Vuoi portare l'odio in una bara?

Quanta sofferenza, quante lacerazioni, quante guerre potrebbero essere evitate se il perdono e la misericordia fossero lo stile della nostra vita! Anche in famiglia: quante famiglie disunite che non sanno perdonarsi, quanti fratelli e sorelle che hanno questo rancore dentro. È necessario applicare l'amore misericordioso in tutte le relazioni umane: tra i coniugi, tra i genitori e i figli, all'interno delle nostre comunità, nella Chiesa e anche nella società e nella politica.

Oggi, al mattino, mentre celebravo la Messa, sono rimasto tanto colpito da una frase della prima lettura, nel libro del Siracide, che mi sono dovuto fermare. La frase dice così: «Ricorda la fine e smetti di odiare». Che bella frase! Pensa alla fine! Pensa che sarai in una bara… ti porterai l'odio lì? Pensa alla fine, smetti di odiare! Abbandona il rancore. Pensiamo a questa frase, tanto toccante: «Ricorda la fine e smetti di odiare».

Non è facile perdonare, perché nei momenti tranquilli uno si dice: «Sì, questo me ne ha fatte di tutti i colori ma anch'io ne ho fatte tante. Meglio perdonare per essere perdonato». Ma poi il rancore torna, come una mosca fastidiosa che torna e torna e torna... Perdonare non è soltanto la cosa di un momento, è un'azione continua contro il rancore, contro questo odio persistente. Pensiamo alla fine, smettiamola di odiare.

Vaccinarsi contro l'epidemia dell'indifferenza

La nostra compassione è il vaccino migliore contro l'epidemia dell'indifferenza. «Non mi riguarda», «non tocca a me», «non c'entro», «è cosa sua»: ecco i sintomi dell'indifferenza. C'è una bella fotografia, fatta da un fotografo romano, che ora si trova nell'Elemosineria. Una notte d'inverno, si vede una signora di una certa età che sta uscendo da un ristorante di lusso, con la pelliccia, il cappello, i guanti, ben coperta dal freddo. Esce, dopo aver mangiato bene – non è peccato, mangiare bene! – e c'è alla porta un'altra donna, con una stampella, malvestita, si vede che ha freddo... una homeless, con la mano tesa... E la signora con la pelliccia guarda da un'altra parte. La foto si intitola *Indifferenza*. Quando l'ho vista, ho chiamato il fotografo per dirgli: «Sei stato bravo a cogliere questa situazione spontanea», e ho chiesto di metterla nell'Elemosineria. Per non cadere nello spirito dell'indifferenza. Invece, chi ha compassione passa dal «di te non m'importa» al «tu sei importante per me». O almeno «tu tocchi il mio cuore». Però la compassione non è solo un bel sentimento, non è pietismo, è creare un legame nuovo con l'altro. È farsene carico, come il buon Samaritano che, *mosso da compassione*, si prende cura di quel malcapitato che neppure conosce (cfr *Lc* 10,33-34). Il mondo ha bisogno di questa carità creativa e fattiva, che non sta davanti a uno schermo a commentare, ma di gente che si sporca le mani per rimuovere il degrado e restituire dignità. Avere compassione è scegliere di non avere alcun nemico e vedere in ciascuno *il mio prossimo*. Avere compassione è una scelta.

Vivacchiare

Mi permetto di ricordare l'esortazione del beato Pier Giorgio Frassati, un giovane come voi: «Vivere, non vivacchiare!» Vivere!

Voi sapete che è brutto vedere un giovane "fermo", che vive, ma vive come – permettetemi la parola – un vegetale: fa le cose, ma la sua non è una vita in movimento, è ferma. A me danno tanta tristezza al cuore i giovani che vanno in pensione a vent'anni! Sì, sono invecchiati presto…

La tentazione di rinviare

Quante volte la nostra vita è fatta di rinvii, quante volte. Anche la vita spirituale! Per esempio: «So che mi fa bene pregare, ma oggi non ho tempo…» «So che aiutare gli altri è importante. Sì, devo farlo: lo farò domani». Domani, domani, domani… Rinviamo in continuazione le cose. Maria, invece, ci invita a non rimandare, a dire «sì»: «Devo pregare? Sì». E prego. «Devo aiutare gli altri? Sì. Come posso farlo? Lo faccio». Senza rimandare. Ogni «sì» costa, ma sempre meno di quanto costò a lei quel «sì» coraggioso, quel «sì» pronto, quell'«avvenga per me secondo la tua parola» che ci ha portato la salvezza.

Pigrizia spirituale

Dobbiamo guardarci dalla pigrizia spirituale: stiamo bene noi, con le nostre preghiere e liturgie, e ci basta questo. No! Pregare non è mai evadere dalle fatiche della vita; la luce della fede non serve per una bella emozione spirituale. No, questo non è il messaggio di Gesù. Siamo chiamati a fare esperienza dell'incontro con Cristo perché, illuminati della sua luce, possiamo portarla e farla risplendere ovunque. Accendere piccole luci nei cuori delle persone; essere piccole lampade di Vangelo che portano un po' d'amore e di speranza: questa è la missione del cristiano.

Vuoi lasciare la tua impronta nella vita o solo sul divano?

Nella vita c'è una paralisi pericolosa e spesso difficile da identificare, e che ci costa molto riconoscere. Mi piace definirla "paralisi da divano". Sì, credere che per essere felici abbiamo bisogno di un buon divano. Un divano che ci aiuti a stare comodi, tranquilli, ben sicuri. Un divano, come quelli che ci sono adesso, moderno, con massaggio incluso, che ci garantisca ore di tranquillità per trasferirci nel mondo dei videogiochi o nelle chat. Un divano contro ogni tipo di dolore e timore. Che ci faccia stare chiusi in casa senza affaticarci né preoccuparci. La "divano-felicità" è probabilmente la paralisi silenziosa che ci può rovinare di più, che può rovinare di più la gioventù. «E perché succede questo, Padre?» Perché a poco a poco, senza rendercene conto, ci ritroviamo addormentati, imbambolati e intontiti. Sicuramente, per molti avere dei giovani imbambolati e intontiti che confondono la felicità con un divano è più conveniente che avere giovani svegli, desiderosi di rispondere, di rispondere al sogno di Dio e a tutte le aspirazioni del cuore. Voi, vi domando, volete essere addormentati, imbambolati, intontiti? Volete che altri decidano il futuro per voi? O volete essere liberi, svegli e lottare per il vostro futuro?

La verità è un'altra, cari giovani: non siamo venuti al mondo per "vegetare", per spassarcela comodamente, per fare della vita un divano. Al contrario, siamo venuti per lasciare un'impronta. È molto triste passare nella vita senza lasciare un'impronta. Ma quando scegliamo la comodità, confondendo la felicità con il consumismo, allora il prezzo che paghiamo è molto, ma molto caro: perdiamo la libertà. Questo è il prezzo. C'è tanta gente che vuole che i giovani non siano liberi; c'è tanta gente che non vi vuole bene, che vi vuole intontiti, imbambolati, addormentati, ma mai liberi. No, questo no! Dobbiamo difendere la nostra libertà!

L'autogiustificazione

Ci sono dei cristiani che si impegnano nel seguire un'altra strada: quella della giustificazione mediante le proprie forze, quella dell'adorazione della volontà umana e della propria capacità, che si traduce in un autocompiacimento egocentrico ed elitario privo del vero amore. Si manifesta in molti atteggiamenti apparentemente diversi tra loro: l'ossessione per la legge, il fascino di esibire conquiste sociali e politiche, l'ostentazione nella cura della liturgia, della dottrina e del prestigio della Chiesa, la vanagloria legata alla gestione di faccende pratiche, l'attrazione per le dinamiche di auto-aiuto e di realizzazione autoreferenziale. In questo alcuni cristiani spendono le loro energie e il loro tempo, invece di lasciarsi condurre dallo Spirito sulla via dell'amore, invece di appassionarsi per comunicare la bellezza e la gioia del Vangelo e di cercare i lontani nelle immense moltitudini assetate di Cristo.

Il male dell'abitudine

L'abitudine ci seduce e ci dice che non ha senso cercare di cambiare le cose, che non possiamo far nulla di fronte a questa situazione, che è sempre stato così e che tuttavia siamo andati avanti. Per abitudine noi non affrontiamo più il male e permettiamo che le cose "vadano come vanno", o come alcuni hanno deciso che debbano andare. Ma dunque lasciamo che il Signore venga a risvegliarci, a dare uno scossone al nostro torpore, a liberarci dall'inerzia. Sfidiamo l'abitudinarietà, apriamo bene gli occhi e gli orecchi, e soprattutto il cuore, per lasciarci smuovere da ciò che succede intorno a noi e dal grido della Parola viva ed efficace del Risorto.

Il rischio di cedere

«Noi però non siamo di quelli che cedono (*hypostoles*)» (*Eb* 10,39), dice l'autore della Lettera agli Ebrei. «Noi però non siamo di quelli che cedono», è il consiglio che ci dà: noi non ci scandalizziamo, perché non si è scandalizzato Gesù vedendo che il suo lieto annuncio di salvezza ai poveri non risuonava puro, ma in mezzo alle urla e alle minacce di quelli che non volevano udire la sua Parola o volevano ridurla a legalismi.

Noi non ci scandalizziamo perché non si è scandalizzato Gesù dovendo guarire malati e liberare prigionieri in mezzo alle discussioni e alle controversie moralistiche, legalistiche, clericali che suscitava ogni volta che faceva il bene.

Noi non ci scandalizziamo perché non si è scandalizzato Gesù dovendo dare la vista ai ciechi in mezzo a gente che chiudeva gli occhi per non vedere o volgeva lo sguardo dall'altra parte.

Noi non ci scandalizziamo perché non si è scandalizzato Gesù del fatto che la sua predicazione dell'anno di grazia del Signore – un anno che è la storia intera – abbia provocato uno scandalo pubblico in ciò che oggi occuperebbe appena la terza pagina di un giornale di provincia.

E non ci scandalizziamo perché l'annuncio del Vangelo non riceve la sua efficacia dalle nostre parole eloquenti, ma dalla forza della Croce (cfr *1 Cor* 1,17).

Quando dormire è pericoloso

Stare svegli non è facile, anzi è una cosa molto difficile: di notte viene naturale dormire. Non ci riuscirono i discepoli di Gesù, ai quali Lui aveva detto di vegliare «alla sera, a mezzanotte, al canto del gallo, al mattino» (cfr *Mc* 13,35). Proprio in quelle ore non furono vigilanti: di sera, durante l'ultima cena, tradirono Gesù; di notte si assopirono; al canto del gallo lo rinnegarono; al mattino lo lasciarono condannare a morte. Non avevano vegliato. Si erano assopiti. Ma anche su di noi può scendere lo stesso torpore.

1. Il sonno della mediocrità

C'è un sonno pericoloso: *il sonno della mediocrità*. Viene quando dimentichiamo il primo amore e andiamo avanti per inerzia, badando solo al quieto vivere. Ma senza slanci d'amore per Dio, senza attendere la sua novità, si diventa mediocri, tiepidi, mondani. E questo corrode la fede, perché la fede è il contrario della mediocrità: è desiderio ardente di Dio, è audacia continua di convertirsi, è coraggio di amare, è andare sempre avanti. La fede non è acqua che spegne, è fuoco che brucia; non è un calmante per chi è stressato, è una storia d'amore per chi è innamorato! Per questo Gesù detesta più di ogni cosa la tiepidezza (cfr *Ap* 3,16). Si vede il disprezzo di Dio per i tiepidi.

E dunque, come possiamo svegliarci dal sonno della mediocrità? Con *la vigilanza della preghiera*. Pregare è accendere una luce nella notte. La preghiera ridesta dalla tiepidezza di una vita orizzontale, innalza lo sguardo verso l'alto, ci sintonizza con il Signore. La preghiera permette a Dio di starci vicino; perciò libera dalla solitudine e dà speranza. La preghiera ossigena la vita: come non si può vivere senza respirare, così non si può essere cristiani senza pregare. E c'è tanto bisogno di cristiani che veglino per chi dorme, di adoratori, di intercessori, che giorno e notte portino davanti a Gesù, luce del mondo, le tenebre della storia. C'è bisogno di adoratori. Noi abbiamo perso un po' il senso dell'adorazione, di stare in silenzio davanti al Signore, adorando. Questa è la mediocrità, la tiepidezza.

2. Il sonno dell'indifferenza

C'è poi un secondo sonno interiore: *il sonno dell'indifferenza*. Chi è indifferente vede tutto uguale, come di notte, e non s'interessa di chi gli sta vicino. Quando orbitiamo solo attorno a noi stessi e ai nostri bisogni, indifferenti a quelli degli altri, la notte scende nel cuore. Il cuore diventa oscuro. Presto ci si lamenta di tutto, poi ci si sente vittime di tutti e infine si fanno complotti su tutto. Lamentele, vittimismo e complottismo. È una catena. Oggi questa notte sembra calata su tanti, che reclamano per sé e si disinteressano degli altri.

Come ridestarci da questo sonno dell'indifferenza? Con *la vigilanza della carità*. Per portare luce a quel sonno della mediocrità, della tiepidezza, c'è la vigilanza della preghiera. Per ridestarci da questo sonno dell'indifferenza c'è la vigilanza della carità. La carità è il cuore pulsante del cristiano: come non si può vivere senza battito, così non si può essere cristiani senza carità. A qualcuno sembra che provare compassione, aiutare, servire sia cosa da perdenti! In realtà è l'unica cosa vincente, perché è già proiettata al futuro, al giorno del Signore, quando tutto passerà e rimarrà solo l'amore. È con le opere di misericordia che ci avviciniamo al Signore.

V

A CACCIA DI TESORI

Un cuore creativo e cercatore

Ai nostri giorni, la vita può apparire mediocre e spenta. Forse perché a mancare è la ricerca di ciò che è davvero importante. Ci si è accontentati di cose in apparenza attraenti ma effimere, di bagliori luccicanti ma illusori che, alla fine, ci hanno lasciato al buio. Invece la luce del Regno non è un fuoco di artificio, è luce: il fuoco di artificio dura soltanto un istante, la luce del Regno ci accompagna per tutta la vita.

Il Regno dei cieli è il contrario delle cose superflue che offre il mondo, è il contrario di un'esistenza banale: è un tesoro che rinnova la vita tutti i giorni e la dilata verso orizzonti più vasti. Infatti, chi ha trovato questo tesoro ha un cuore creativo e cercatore, che non ripete ma inventa, tracciando e percorrendo strade nuove, che ci portano ad amare Dio, ad amare gli altri, ad amare veramente noi stessi. Il segno di coloro che camminano su questa strada del Regno, sempre cercando di più, è la creatività. La creatività è quella che prende la vita e la dà, ancora, ancora, e ancora, cercando sempre modi nuovi e diversi per farlo.

Gesù, lui che è il tesoro nascosto e la perla di grande valore, non può che suscitare la gioia, tutta la gioia del mondo: la gioia di scoprire un senso per la propria vita, la gioia di sentirla impegnata nell'avventura della santità.

Trovare tempo per gli altri

Quanto è importante educare il cuore alla cura, ad avere care le persone e le cose. Tutto comincia da qui, dal prenderci cura degli altri, del mondo, del creato. Non serve conoscere tante persone e tante cose se non ce ne prendiamo cura.

Sarebbe bello *trovare tempo per gli altri*. Il tempo è la ricchezza che tutti abbiamo, ma di cui siamo gelosi, perché vogliamo usarla solo per noi. Va chiesta la grazia di trovare tempo: tempo per Dio e per il prossimo Tempo: per chi è solo, per chi soffre, per chi ha bisogno di ascolto e cura. Se troveremo tempo da regalare, saremo stupiti dalla felicità che ne ricaveremo.

Vivere nella speranza

Attratti dai nostri interessi – tutti i giorni ne facciamo esperienza – e distratti da tante vanità, rischiamo di smarrire l'essenziale. Perciò il Signore ripete a tutti: «Vegliate!» (*Mc* 13,37). Vegliate, state attenti.

Ma, se dobbiamo vegliare, vuol dire che siamo nella notte. Sì, ora non viviamo nel giorno, ma nell'attesa del giorno, tra oscurità e fatiche. Il giorno arriverà quando saremo con il Signore. Arriverà, non perdiamoci d'animo: la notte passerà, sorgerà il Signore, ci giudicherà Lui che è morto in croce per noi. Vigilare è attendere questo, è non lasciarsi sopraffare dallo scoraggiamento, questo si chiama *vivere nella speranza*. Come prima di nascere siamo stati attesi da chi ci amava, ora siamo attesi dall'Amore in persona. E se siamo attesi in Cielo, perché vivere di pretese terrene? Perché affannarci per un po' di soldi, di fama, di successo, tutte cose che passano? Perché perdere tempo a lamentarci della notte, mentre ci aspetta la luce del giorno? Perché cercare dei "padrini" per avere una promozione e andare su, promuoverci nella carriera? Tutto passa. Vegliate, dice il Signore.

Cose nuove

La *speranza* è audace, e allora, fratelli e sorelle, impariamo a sognare in grande! Non dobbiamo avere paura di farlo cercando gli ideali di giustizia e di amore sociale che nascono dalla speranza. Non proviamo a ricostruire il passato, soprattutto quello che era iniquo e già malato: il passato è passato, ci aspettano cose nuove. Il Signore ha promesso: «Io farò nuove tutte le cose». Incoraggiamoci a sognare in grande cercando questi ideali. Costruiamo un futuro in cui la dimensione locale e quella globale si arricchiscano mutualmente, – ognuno può dare il suo, ognuno *deve* dare il suo, la sua cultura, la sua filosofia, il suo modo di pensare – un futuro in cui la bellezza e la ricchezza dei gruppi minori, anche dei gruppi scartati, possano fiorire. Perché pure lì c'è bellezza.

L'amicizia

L'amicizia è un regalo della vita e un dono di Dio. Attraverso gli amici, il Signore ci purifica e ci fa maturare. Allo stesso tempo, gli amici fedeli, che sono al nostro fianco nei momenti difficili, sono un riflesso dell'affetto del Signore, della sua consolazione e della sua presenza amorevole. Avere amici ci insegna ad aprirci, a capire, a prenderci cura degli altri, a uscire dalla nostra comodità e dall'isolamento, a condividere la vita. Ecco perché «per un amico fedele non c'è prezzo» (*Sir* 6,15).

L'amicizia non è una relazione fugace e passeggera, ma stabile, salda, fedele, che matura col passare del tempo. È un rapporto di affetto che ci fa sentire uniti, e nello stesso tempo è un amore generoso che ci porta a cercare il bene dell'amico. Anche se gli amici possono essere molto diversi tra loro, ci sono sempre alcune cose in comune che li portano a sentirsi vicini, c'è un'intimità che si condivide con sincerità e fiducia.

L'amicizia è così importante che Gesù stesso si presenta come amico: «Non vi chiamo più servi, ma vi ho chiamato amici» (*Gv* 15,15).

Il perdono e la memoria

Il perdono non implica il dimenticare. Diciamo piuttosto che quando c'è qualcosa che in nessun modo può essere negato, relativizzato o dissimulato, tuttavia, possiamo perdonare. Quando c'è qualcosa che mai dev'essere tollerato, giustificato o scusato, tuttavia, possiamo perdonare. Quando c'è qualcosa che per nessuna ragione dobbiamo permetterci di dimenticare, tuttavia, possiamo perdonare. Il perdono libero e sincero è una grandezza che riflette l'immensità del perdono divino. Se il perdono è gratuito, allora si può perdonare anche chi stenta a pentirsi ed è incapace di chiedere perdono.

Quanti perdonano davvero non dimenticano, ma rinunciano a essere dominati dalla stessa forza distruttiva che ha fatto loro del male. Spezzano il circolo vizioso, frenano l'avanzare delle forze della distruzione. Decidono di non continuare a inoculare nella società l'energia della vendetta, che prima o poi finisce per ricadere ancora una volta su loro stessi. Infatti, la vendetta non sazia mai veramente l'insoddisfazione delle vittime. Ci sono crimini così orrendi e crudeli, che far soffrire chi li ha commessi non serve per sentire che si è riparato il delitto; e nemmeno basterebbe uccidere il criminale, né si potrebbero trovare torture equiparabili a ciò che ha potuto soffrire la vittima. La vendetta non risolve nulla.

Neppure stiamo parlando di impunità. Ma la giustizia la si ricerca in modo adeguato solo per amore della giustizia stessa, per rispetto delle vittime, per prevenire nuovi crimini e in ordine a tutelare il bene comune, non come un presunto sfogo della propria ira. Il perdono è proprio quello che permette di cercare la giustizia senza cadere nel circolo vizioso della vendetta né nell'ingiustizia di dimenticare.

Chi è libero, pensa quel che fa

Libertà vuol dire saper riflettere su quello che facciamo, saper valutare ciò che è bene e ciò che è male, quali sono i comportamenti che fanno crescere. Libertà vuol dire scegliere sempre il bene. Noi siamo liberi per il bene. E in questo non abbiate paura di andare controcorrente, anche se non è facile! Essere liberi per scegliere sempre il bene è impegnativo, ma vi renderà persone che hanno la spina dorsale, che sanno affrontare la vita, persone con coraggio e pazienza.

Libertà, uguaglianza, fraternità

La fraternità non è solo il risultato di condizioni di rispetto per le libertà individuali, e nemmeno di una certa regolata equità. Benché queste siano condizioni di possibilità, non bastano perché essa ne derivi come risultato necessario. La fraternità ha qualcosa di positivo da offrire alla libertà e all'uguaglianza. Che cosa accade senza la fraternità consapevolmente coltivata, senza una volontà politica di fraternità, tradotta in un'educazione alla fraternità, al dialogo, alla scoperta della reciprocità e del mutuo arricchimento come valori? Succede che la libertà si restringe, risultando così piuttosto una condizione di solitudine, di pura autonomia per appartenere a qualcuno o a qualcosa, o solo per possedere e godere. Questo non esaurisce affatto la ricchezza della libertà, che è orientata soprattutto all'amore.

Neppure l'uguaglianza si ottiene definendo in astratto che «tutti gli esseri umani sono uguali», bensì è il risultato della coltivazione consapevole e pedagogica della fraternità. Coloro che sono capaci solamente di essere soci creano mondi chiusi. Che senso può avere in questo schema la persona che non appartiene alla cerchia dei soci e arriva sognando una vita migliore per sé e per la sua famiglia?

Portare gratitudine

Non tralasciamo di ringraziare: se siamo portatori di gratitudine, anche il mondo diventa migliore, magari anche solo di poco, ma è ciò che basta per trasmettergli un po' di speranza. Il mondo ha bisogno di speranza e con la gratitudine, con questo atteggiamento di dire grazie, noi ne trasmettiamo un po'. Tutto è unito, tutto è legato e ciascuno può fare la sua parte là dove si trova.

La gentilezza

La gentilezza è una liberazione dalla crudeltà che a volte penetra le relazioni umane, dall'ansietà che non ci lascia pensare agli altri, dall'urgenza distratta che ignora che anche gli altri hanno diritto a essere felici. Oggi raramente si trovano tempo ed energie disponibili per soffermarsi a trattare bene gli altri, a dire «permesso», «scusa», «grazie». Eppure ogni tanto si presenta il miracolo di una persona gentile, che mette da parte le sue preoccupazioni e le sue urgenze per prestare attenzione, per regalare un sorriso, per dire una parola di stimolo, per rendere possibile uno spazio di ascolto in mezzo a tanta indifferenza. Questo sforzo, vissuto ogni giorno, è capace di creare quella convivenza sana che vince le incomprensioni e previene i conflitti. La pratica della gentilezza non è un particolare secondario né un atteggiamento superficiale o borghese. Dal momento che presuppone stima e rispetto, quando si fa cultura in una società trasforma profondamente lo stile di vita, i rapporti sociali, il modo di dibattere e di confrontare le idee. Facilita la ricerca di consensi e apre strade là dove l'esasperazione distrugge tutti i ponti.

La castità

Io non vorrei fare il moralista, ma voglio dire una parola che non piace, una parola impopolare. Anche il Papa alcune volte deve rischiare per dire la verità. L'amore è nelle opere, nel comunicare, ma l'amore è molto rispettoso delle persone, non usa le persone. Cioè *l'amore è casto*. E a voi giovani in questo mondo, in questo mondo edonista, in questo mondo dove soltanto ha pubblicità il piacere, passarsela bene, fare la bella vita, io dico: siate casti, siate casti.

Tutti noi abbiamo attraversato momenti in cui attenersi a questa virtù è molto difficile, ma è proprio quella la via di un amore genuino, di un amore che sa dare la vita, che non cerca di usare l'altro per il proprio piacere. È un amore che considera sacra la vita dell'altra persona: io ti rispetto, io non voglio usarti. Non è facile. Tutti conosciamo la difficoltà di superare questa concezione "facilista" e edonista dell'amore. Perdonatemi se dico una cosa che voi non vi aspettavate, ma vi chiedo: fate lo sforzo di vivere l'amore castamente.

Come sto a umiltà?

L'umiltà è la via che porta in Cielo. La parola "umiltà" deriva dal termine latino *humus*, che significa "terra". È paradossale: per arrivare in alto, in Cielo, bisogna restare bassi, come la terra! Gesù lo insegna: «Chi si umilia sarà esaltato» (*Lc* 14,11). Dio non ci esalta per le nostre doti, per le ricchezze, per la bravura, ma per l'umiltà; Dio è innamorato dell'umiltà. Dio innalza chi si abbassa, chi serve. Maria, infatti, a se stessa non attribuisce altro che il "titolo" di serva: è «la serva del Signore» (*Lc* 1,38). Non dice altro di sé, non ricerca altro per sé.

Oggi allora possiamo chiederci, ognuno di noi, nel nostro cuore: come sto a umiltà? Cerco di essere riconosciuto dagli altri, di affermarmi ed essere lodato oppure penso a servire? So ascoltare, come Maria, oppure voglio solo parlare e ricevere attenzioni? So fare silenzio, come Maria, oppure chiacchiero sempre? So fare un passo indietro, disinnescare litigi e discussioni oppure cerco sempre solo di primeggiare? Pensiamo a queste domande: come sto a umiltà?

Anche la vergogna è una virtù

Proviamo vergogna a dire la verità: ho fatto questo, ho pensato questo. Ma la vergogna è una vera virtù cristiana e anche umana. La capacità di vergognarsi è una virtù dell'umile. In Argentina quelli che non sanno vergognarsi vengono chiamati *sinverguenza*. Un "senza vergogna" è qualcuno che non ha la capacità di vergognarsi. Invece umiltà e mitezza sono come la cornice di una vita cristiana.

Gesù ci aspetta per perdonarci. Ma andare a confessarsi non è andare a una seduta di tortura. No! È andare a lodare Dio, perché io peccatore sono stato salvato da Lui. E Lui mi aspetta per bastonarmi? No, con tenerezza per perdonarmi. E se domani faccio lo stesso? Vai un'altra volta, e vai e vai e vai. Lui sempre ci aspetta.

La verità va custodita

Custodire la verità non significa difendere delle idee, diventare guardiani di un sistema di dottrine e di dogmi, ma restare legati a Cristo ed essere consacrati al suo Vangelo. La verità, nel linguaggio dell'apostolo Giovanni, è Cristo stesso, rivelazione dell'amore del Padre. Gesù prega perché, vivendo nel mondo, i discepoli non seguano i criteri di questo mondo. Che non si lascino affascinare dagli idoli, ma custodiscano l'amicizia con Lui; che non pieghino il Vangelo alle logiche umane e mondane, ma custodiscano integro il suo messaggio. Custodire la verità significa essere profeti in tutte le situazioni della vita, essere cioè consacrati al Vangelo e diventarne testimoni anche quando questo costa il prezzo di andare controcorrente. A volte, noi cristiani cerchiamo il compromesso, ma il Vangelo ci chiede di essere nella verità e per la verità, donando la vita per gli altri. E dove c'è guerra, violenza, odio, essere fedeli al Vangelo e artigiani di pace significa impegnarsi, anche attraverso le scelte sociali e politiche, rischiando la vita. Solo così le cose possono cambiare. Il Signore non ha bisogno di gente tiepida: ci vuole consacrati nella verità e nella bellezza del Vangelo, perché possiamo testimoniare la gioia del Regno di Dio anche nella notte buia del dolore e quando il male sembra più forte.

La pazienza

Che cos'è la pazienza? Certamente non è la semplice tolleranza delle difficoltà o una sopportazione fatalista delle avversità. La pazienza non è segno di debolezza: è la fortezza d'animo che ci rende capaci di "portare il peso", di *sopportare* il peso dei problemi personali e comunitari, che ci fa accogliere la diversità dell'altro, ci fa perseverare nel bene anche quando tutto sembra inutile, ci fa restare in cammino anche quando il tedio e l'accidia ci assalgono.

Una vita unificata

Sorella, fratello, vuoi una prova che Dio ha toccato la tua vita? Verifica se ti chini sulle piaghe degli altri. Oggi è il giorno in cui chiederci: «Io, che tante volte ho ricevuto la pace di Dio, che tante volte ho ricevuto il suo perdono e la sua misericordia, sono misericordioso con gli altri? Io, che tante volte mi sono nutrito del Corpo di Gesù, faccio qualcosa per sfamare chi è povero?» Non rimaniamo indifferenti. Non viviamo *una fede a metà*, che riceve ma non dà, che accoglie il dono ma non si fa dono. Siamo stati misericordiati, diventiamo misericordiosi. Perché se l'amore finisce con noi stessi, la fede si prosciuga in un intimismo sterile. Senza gli altri diventa disincarnata. Senza le opere di misericordia muore (cfr *Gc* 2,17). Fratelli, sorelle, lasciamoci risuscitare dalla pace, dal perdono e dalle piaghe di Gesù misericordioso. E chiediamo la grazia di diventare *testimoni di misericordia*. Solo così la fede sarà viva. E la vita sarà unificata.

Elogio della sobrietà

La sobrietà, vissuta con libertà e consapevolezza, è liberante. Non è meno vita, non è bassa intensità, ma tutto il contrario. Infatti quelli che gustano di più e vivono meglio ogni momento sono coloro che smettono di beccare qua e là, cercando sempre quello che non hanno, e sperimentano ciò che significa apprezzare ogni persona e ogni cosa, imparano a familiarizzare con le realtà più semplici e ne sanno godere. In questo modo riescono a ridurre i bisogni insoddisfatti e diminuiscono la stanchezza e l'ansia. Si può aver bisogno di poco e vivere molto, soprattutto quando si è capaci di dare spazio ad altri piaceri e si trova soddisfazione negli incontri fraterni, nel servizio, nel mettere a frutto i propri carismi, nella musica e nell'arte, nel contatto con la natura, nella preghiera. La felicità richiede di saper limitare alcune necessità che ci stordiscono, restando così disponibili per le molteplici possibilità che offre la vita.

Ciò che è meravigliosamente umano

Se qualcuno possiede acqua in avanzo, e tuttavia la conserva pensando all'umanità, è perché ha raggiunto un livello morale che gli permette di andare oltre se stesso e il proprio gruppo di appartenenza. Ciò è meravigliosamente umano!

Non privarti di un giorno felice

Ordinariamente la gioia cristiana è accompagnata dal senso dell'umorismo, così evidente, ad esempio, in san Tommaso Moro, in san Vincenzo de' Paoli o in san Filippo Neri. Il malumore non è un segno di santità: «Caccia la malinconia dal tuo cuore» (*Qo* 11,10). È così tanto quello che riceviamo dal Signore «perché possiamo goderne» (*1 Tm* 6,17), che a volte la tristezza è legata all'ingratitudine, all'essere talmente chiusi in se stessi da diventare incapaci di riconoscere i doni di Dio.

Il suo amore paterno ci invita: «Figlio, [...] trattati bene [...]. Non privarti di un giorno felice» (*Sir* 14,11.14). Ci vuole positivi, grati e non troppo complicati: «Nel giorno lieto sta' allegro [...]. Dio ha creato gli esseri umani retti, ma essi vanno in cerca di infinite complicazioni» (*Qo* 7,14.29). In ogni situazione, occorre mantenere uno spirito flessibile, e fare come san Paolo: «Ho imparato a bastare a me stesso in ogni occasione» (*Fil* 4,11). È quello che viveva san Francesco d'Assisi, capace di commuoversi di gratitudine davanti a un pezzo di pane duro, o di lodare felice Dio solo per la brezza che accarezzava il suo volto.

Non sto parlando della gioia consumista e individualista così presente in alcune esperienze culturali di oggi. Il consumismo, infatti, non fa che appesantire il cuore; può offrire piaceri occasionali e passeggeri, ma non gioia. Mi riferisco piuttosto a quella gioia che si vive in comunione, che si condivide e si partecipa, perché «si è più beati nel dare che nel ricevere» (*At* 20,35) e «Dio ama chi dona con gioia» (2 *Cor* 9,7). L'amore fraterno moltiplica la nostra capacità di gioia, poiché ci rende capaci di gioire del bene degli altri: «Rallegratevi con quelli che sono nella gioia» (*Rm* 12,15). «Ci rallegriamo quando noi siamo deboli e voi siete forti» (2 *Cor* 13,9). Invece, se ci concentriamo soprattutto sulle nostre necessità, ci condanniamo a vivere con poca gioia.

Sopra tutto è la carità

Le persone possono sviluppare alcuni atteggiamenti che presentano come valori morali: fortezza, sobrietà, laboriosità e altre virtù. Ma per orientare adeguatamente gli atti delle varie virtù morali, bisogna considerare anche in quale misura essi realizzino un dinamismo di apertura e di unione verso altre persone. Tale dinamismo è la carità che Dio infonde. Altrimenti, avremo forse solo un'apparenza di virtù, e queste saranno incapaci di costruire la vita in comune.

La statura spirituale di un'esistenza umana è definita dall'amore, che in ultima analisi è il criterio per la decisione definitiva sul valore o il disvalore di una vita umana.

Cercando di precisare in che cosa consista l'esperienza di amare, che Dio rende possibile con la sua grazia, san Tommaso d'Aquino la spiegava come un movimento che pone l'attenzione sull'altro «considerandolo come un'unica cosa con se stesso». L'attenzione affettiva che si presta all'altro provoca un orientamento a ricercare gratuitamente il suo bene. Tutto ciò parte da una stima, da un apprezzamento, che in definitiva è quello che sta dietro la parola "carità": l'essere amato è per me "caro", vale a dire che lo considero di grande valore. L'amore implica qualcosa di più che una serie di azioni benefiche. Le azioni derivano da un'unione che inclina sempre più verso l'altro considerandolo prezioso, degno, gradito e bello, al di là delle apparenze fisiche o morali. L'amore all'altro per quello che è ci spinge a cercare il meglio per la sua vita. Solo coltivando questo modo di relazionarci renderemo possibile l'amicizia sociale che non esclude nessuno e la fraternità aperta a tutti.

La gioia è contagiosa

San Tommaso diceva «*bonum est diffusivum sui*» – non è un latino troppo difficile! – Il bene si diffonde. E anche la gioia si diffonde... La gioia, quella vera, è contagiosa; contagia… fa andare avanti. Invece, quanto tu ti trovi con un seminarista troppo serio, troppo triste, o con una novizia così, tu pensi: ma qualcosa qui non va! Manca la gioia del Signore, la gioia che ti porta al servizio, la gioia dell'incontro con Gesù, che ti porta all'incontro con gli altri per annunziare Gesù. Manca questo! Non c'è santità nella tristezza. Santa Teresa diceva: «Un santo triste è un triste santo!» È poca cosa… Quando trovi un seminarista, un prete, una suora, una novizia, con una faccia lunga, triste, che sembra che sulla loro vita abbiano buttato una coperta bagnata, di quelle coperte pesanti, che ti tirano giù… Qualcosa non va! Per favore: mai suore, mai preti con la faccia di "peperoncino in aceto", mai!

Riconoscersi piccoli per diventare grandi

Nella vita riconoscersi piccoli è un punto di partenza per diventare grandi. Se ci pensiamo, cresciamo non tanto in base ai successi e alle cose che abbiamo, ma soprattutto nei momenti di lotta e di fragilità. Lì, nel bisogno, maturiamo; lì apriamo il cuore a Dio, agli altri, al senso della vita. Apriamo gli occhi agli altri. Quando ci sentiamo piccoli di fronte a un problema, piccoli di fronte a una croce, a una malattia, quando proviamo fatica e solitudine, non scoraggiamoci. Sta cadendo la maschera della superficialità e sta riemergendo la nostra radicale fragilità: è la nostra base comune, il nostro tesoro, perché con Dio le fragilità non sono ostacoli, ma opportunità.

Alzati e diventa ciò che sei!

Oggi spesso c'è "connessione" ma non comunicazione. L'uso dei dispositivi elettronici, se non è equilibrato, può farci restare sempre incollati a uno schermo. Con questo messaggio vorrei anche lanciare la sfida di una svolta culturale, a partire dall'«Alzati!» che Gesù dice al figlio morto della vedova di Nain. In una cultura che vuole i giovani isolati e ripiegati su mondi virtuali, facciamo circolare questa parola di Gesù: «Alzati!» È un invito ad aprirsi a una realtà che va ben oltre il virtuale. Ciò non significa disprezzare la tecnologia, ma utilizzarla come un mezzo e non come un fine. «Alzati» significa anche «sogna», «rischia», «impegnati per cambiare il mondo», riaccendi i tuoi desideri, contempla il cielo, le stelle, il mondo intorno a te. «Alzati e diventa ciò che sei!»

VI

E QUANDO C'È IL DOLORE?

Quando siamo nella tempesta

La barca su cui i discepoli attraversano il lago è assalita dal vento e dalle onde ed essi temono di affondare. Gesù è con loro sulla barca, eppure se ne sta a poppa sul cuscino e dorme. I discepoli, pieni di paura, gli urlano: «Maestro, non t'importa che siamo perduti?»

Tante volte anche noi, assaliti dalle prove della vita, gridiamo al Signore: «Perché resti in silenzio e non fai nulla per me?» Soprattutto quando ci sembra di affondare, perché l'amore o il progetto nel quale avevamo riposto grandi speranze svanisce; o quando siamo in balìa delle onde insistenti dell'ansia; oppure quando ci sentiamo sommersi dai problemi o persi in mezzo al mare della vita, senza rotta e senza porto. O ancora, nei momenti in cui viene meno la forza di andare avanti, perché manca il lavoro oppure una diagnosi inaspettata ci fa temere per la salute nostra o di una persona cara. Sono tanti i momenti nei quali ci sentiamo in una tempesta, ci sentiamo quasi finiti.

In queste situazioni, e in tante altre, anche noi ci sentiamo soffocare dalla paura e, come i discepoli, rischiamo di perdere di vista la cosa più importante. Sulla barca, infatti, anche se dorme, *Gesù c'è*, e condivide con i suoi tutto quello che sta succedendo. Anche nella nostra vita succede lo stesso: «Signore, salvaci!», e la preghiera diventa un grido.

Oggi possiamo chiederci: quali sono i venti che si abbattono sulla mia vita, quali sono le onde che ostacolano la mia navigazione e mettono in pericolo la mia vita spirituale, la mia vita di famiglia, il mio equilibrio psicologico, anche? Ecco l'inizio della nostra fede: riconoscere che da soli non siamo in grado di stare a galla, che abbiamo bisogno di Gesù come i marinai delle stelle per trovare la rotta. La fede comincia dal credere che non bastiamo a noi stessi, dal sentirci *bisognosi di Dio*. Quando vinciamo la tentazione di rinchiuderci, Egli può operare in noi meraviglie. È la forza mite e straordinaria della preghiera, che opera miracoli.

Nessuno è immune dalla sofferenza

Tutti abbiamo bisogno di consolazione perché nessuno è immune dalla sofferenza, dal dolore e dall'incomprensione. Quanto dolore può provocare una parola astiosa, frutto dell'invidia, della gelosia e della rabbia! Quanta sofferenza provoca l'esperienza del tradimento, della violenza e dell'abbandono; quanta amarezza dinanzi alla morte delle persone care! Eppure, mai Dio è lontano quando si vivono questi drammi. Una parola che rincuora, un abbraccio che ti fa sentire compreso, una carezza che fa percepire l'amore, una preghiera che permette di essere più forte... sono tutte espressioni della vicinanza di Dio attraverso la consolazione offerta dai fratelli.

Dalla tomba non si esce... ma Gesù è uscito!

La notte di Pasqua abbiamo conquistato un diritto fondamentale, che non ci sarà tolto: *il diritto alla speranza.* È una speranza nuova, viva, che viene da Dio. Non è mero ottimismo, non è una pacca sulle spalle o un incoraggiamento di circostanza, con un sorriso di passaggio. No. È un dono del Cielo, che non potevamo procurarci da soli. *Tutto andrà bene,* diciamo con tenacia in queste settimane[1], aggrappandoci alla bellezza della nostra umanità e facendo salire dal cuore parole di incoraggiamento. Ma, con l'andare dei giorni e il crescere dei timori, anche la speranza più audace può evaporare. La speranza di Gesù è diversa. Immette nel cuore la certezza che Dio sa volgere tutto al bene, perché persino dalla tomba fa uscire la vita.

La tomba è il luogo dove chi entra non esce. Ma Gesù è uscito per noi, è risorto per noi, per portare vita dove c'era morte, per avviare una storia nuova dove

[1] Quello in cui Francesco pronunciò queste parole era il momento più drammatico del primo lockdown.

era stata messa una pietra sopra. Lui, che ha ribaltato il masso all'ingresso della tomba, può rimuovere i macigni che sigillano il cuore. Perciò non cediamo alla rassegnazione, non mettiamo una pietra sopra la speranza. Possiamo e dobbiamo sperare, perché Dio è fedele. Non ci ha lasciati soli, ci ha visitati: è venuto in ogni nostra situazione, nel dolore, nell'angoscia, nella morte. La sua luce ha illuminato l'oscurità del sepolcro: oggi vuole raggiungere gli angoli più bui della vita. Sorella, fratello, anche se nel cuore hai seppellito la speranza, non arrenderti: Dio è più grande. Il buio e la morte non hanno l'ultima parola. Coraggio, con Dio niente è perduto!

Anche il Papa vive momenti duri

Una volta, in un momento molto buio della mia vita, chiesi una grazia al Signore, che mi liberasse da una situazione dura e difficile. Un momento buio. Andai a predicare gli Esercizi spirituali ad alcune religiose e l'ultimo giorno, come si faceva all'epoca, si confessarono. Venne una suora molto anziana, con gli occhi chiari, proprio luminosi. Era una donna di Dio. Allora sentii il desiderio di chiederle di pregare per me e le dissi: «Suora, come penitenza preghi per me, perché ho bisogno di una grazia. La chieda al Signore. Se la chiede lei al Signore, me la darà di sicuro». Lei fece silenzio, aspettò un bel po', come se pregasse, e poi mi guardò e disse: «Certamente il Signore le darà la grazia, ma non si sbagli: la darà con il suo modo divino». Questo mi ha fatto tanto bene: sentire che il Signore ci dà sempre quello che chiediamo, ma lo fa nel suo modo divino. Questo modo implica la croce. Non per masochismo, ma per amore, per amore sino alla fine.

Chi non sa piangere non è un buon cristiano

La grande domanda per tutti: perché i bambini soffrono? Perché? È proprio quando il cuore riesce a porsi la domanda e a piangere che possiamo capire qualcosa. C'è una compassione mondana che non serve a niente! Una compassione che tutt'al più ci porta a mettere mano al borsellino e a dare una moneta. Se Cristo avesse avuto questa compassione avrebbe curato tre o quattro persone, e poi sarebbe tornato al Padre. Solamente quando Cristo ha pianto ed è stato capace di piangere ha capito i nostri drammi.

Al mondo di oggi manca il pianto! Piangono gli emarginati, piangono quelli che sono messi da parte, piangono i disprezzati, ma quelli che fanno una vita più o meno senza necessità non sanno piangere. Certe realtà della vita si vedono soltanto con gli occhi puliti dalle lacrime. Invito ciascuno di voi a domandarsi: io ho imparato a piangere? Quando vedo un bambino affamato, un bambino drogato per la strada, un bambino senza casa, un bambino abbandonato, un bambino abusato, usato come schiavo per la società? O il mio è il pianto capriccioso di chi piange perché vorrebbe avere qualcosa di più? Questa è la prima cosa che vorrei dirvi: impariamo a piangere.

Gesù nel Vangelo ha pianto, ha pianto per l'amico morto. Ha pianto nel suo cuore per quella famiglia che aveva perso la figlia. Ha pianto nel suo cuore quando ha visto quella povera madre vedova che portava al cimitero suo figlio. Si è commosso e ha pianto nel suo cuore quando ha visto la folla come pecore senza pastore. Se voi non imparate a piangere non siete buoni cristiani. E questa è una sfida. Siate coraggiosi, non abbiate paura di piangere!

Confidare, anche nel pianto

La seconda beatitudine è questa: «Beati quelli che sono nel pianto, perché saranno consolati» (*Mt* 5,4). Sembrano parole contraddittorie, perché il pianto non è segno di gioia e felicità. Motivi di pianto e di sofferenza sono la morte, la malattia, le avversità morali, il peccato e gli errori: semplicemente la vita di ogni giorno, fragile, debole e segnata da difficoltà. Una vita a volte ferita e provata da ingratitudini e incomprensioni. Gesù proclama beati coloro che piangono per queste realtà e, nonostante tutto, confidano nel Signore e si pongono sotto la sua ala. Non sono indifferenti, e nemmeno induriscono il cuore nel dolore, ma sperano con pazienza nella *consolazione di Dio*. E questa consolazione la sperimentano già in questa vita.

Alti e bassi, luci e ombre

Sappiamo bene che la vita è fatta di alti e bassi, di luci e ombre. Ognuno di noi sperimenta momenti di delusione, di insuccesso e di smarrimento. Inoltre, la situazione che stiamo vivendo, segnata dalla pandemia, genera in molti preoccupazione, paura e sconforto; si corre il rischio di cadere nel pessimismo, nell'apatia. Come dobbiamo reagire di fronte a tutto ciò? Ce lo suggerisce il Salmo: «L'anima nostra attende il Signore: egli è nostro aiuto e nostro scudo. È in lui che gioisce il nostro cuore» (*Sal* 32,20-21). Cioè l'anima in attesa, un'attesa fiduciosa del Signore fa trovare conforto e coraggio nei momenti bui dell'esistenza. Da cosa nasce questo coraggio e questa scommessa fiduciosa? Da dove nasce? Nasce dalla *speranza*. E la speranza, quella virtù che ci porta avanti guardando all'incontro con il Signore, non delude.

Dio è presente nella storia dell'umanità, è il «Dio con noi». Dio non è lontano, è sempre con noi, al punto che tante volte bussa alle porte del nostro cuore. Dio cammina al nostro fianco per sostenerci. Il Signore non ci abbandona; ci accompagna nelle nostre vicende esistenziali per aiutarci a scoprire il senso del cammino, il significato del quotidiano, per infonderci coraggio nelle prove e nel dolore. In mezzo alle tempeste della vita, Dio ci tende sempre la mano e ci libera dalle minacce. Questo è bello! Nel libro del Deuteronomio c'è un passo molto bello, che il profeta dice al popolo: «Pensate, quale popolo ha i suoi dèi vicini a sé come tu hai vicino me?» Nessuno, soltanto noi abbiamo questa grazia di avere Dio vicino a noi. Noi attendiamo Dio, speriamo che si manifesti, ma anche Lui spera che noi ci manifestiamo a Lui!

Anche i fallimenti sono un bene

C'è chi vivacchia nella superficialità, credendosi vivo mentre dentro è morto (cfr *Ap* 3,1). Ci si può ritrovare a vent'anni a trascinare una vita verso il basso, non all'altezza della propria dignità. Tutto si riduce a un "lasciarsi vivere" cercando qualche gratificazione: un po' di divertimento, qualche briciola di attenzione e di affetto da parte degli altri... C'è anche un diffuso narcisismo digitale, che influenza sia giovani che adulti. Tanti vivono così! Alcuni di loro forse hanno respirato intorno a sé il materialismo di chi pensa soltanto a fare soldi e sistemarsi, quasi fossero gli unici scopi della vita. A lungo andare comparirà inevitabilmente un sordo malessere, un'apatia, una noia di vivere, via via sempre più angosciante.

Gli atteggiamenti negativi possono essere provocati anche dai fallimenti personali, quando qualcosa che stava a cuore, per cui ci si era impegnati, non va più avanti o non raggiunge i risultati sperati. Può succedere in campo scolastico, o con le ambizioni sportive, artistiche... La fine di un "sogno" può far sentire morti. Ma i fallimenti fanno parte della vita di ogni essere umano, e a volte possono anche rivelarsi una grazia! Spesso qualcosa che pensavamo ci desse felicità si rivela un'illusione, un idolo. Gli idoli pretendono tutto da noi rendendoci schiavi, ma non danno niente in cambio. E alla fine franano, lasciando solo polvere e fumo. In questo senso i fallimenti, se fanno crollare gli idoli, sono un bene, anche se ci fanno soffrire.

Saper piangere con gli altri

«Beati quelli che sono nel pianto, perché saranno consolati».

Il mondo ci propone il contrario: il divertimento, il godimento, la distrazione, lo svago, e ci dice che questo è ciò che rende buona la vita. Il mondano ignora, guarda dall'altra parte quando ci sono problemi di malattia o di dolore in famiglia o intorno a lui. Il mondo non vuole piangere: preferisce ignorare le situazioni dolorose, coprirle, nasconderle. Si spendono molte energie per scappare dalle situazioni in cui si fa presente la sofferenza, credendo che sia possibile dissimulare la realtà, dove mai, mai può mancare la croce.

La persona che vede le cose come sono realmente si lascia trafiggere dal dolore e piange nel suo cuore, è capace di raggiungere le profondità della vita e di essere veramente felice. Quella persona è consolata, ma con la consolazione di Gesù e non con quella del mondo. Così può avere il coraggio di condividere la sofferenza altrui e smette di fuggire dalle situazioni dolorose. In tal modo scopre che la vita ha senso nel soccorrere un altro nel suo dolore, nel comprendere l'angoscia altrui, nel dare sollievo agli altri. Questa persona sente che l'altro è carne della sua carne, non teme di avvicinarsi fino a toccare la sua ferita, ha compassione fino a sperimentare che le distanze si annullano. Così è possibile accogliere quell'esortazione di san Paolo: «Piangete con quelli che sono nel pianto» (*Rm* 12,15).

Saper piangere con gli altri, questo è santità.

Quando il mondo sembra un deserto

Quante volte sembra che i semi di bene e di speranza che cerchiamo di seminare siano soffocati dai rovi dell'egoismo, dell'ostilità e dell'ingiustizia, non solo intorno a noi, ma anche nei nostri stessi cuori. Siamo turbati dal crescente divario nelle nostre società tra ricchi e poveri. Scorgiamo segni di idolatria della ricchezza, del potere e del piacere che si ottengono con costi altissimi nella vita degli uomini. Vicino a noi, molti nostri amici e coetanei, anche se circondati da una grande prosperità materiale, soffrono di povertà spirituale, di solitudine e silenziosa disperazione. Sembra quasi che Dio sia stato rimosso da questo orizzonte. È quasi come se un deserto spirituale si stesse propagando in tutto il mondo. Colpisce anche i giovani, derubandoli della speranza e, in troppi casi, anche della vita stessa. E tuttavia questo è il mondo, nel quale voi siete chiamati ad andare per testimoniare il Vangelo della speranza, il Vangelo di Gesù Cristo e la promessa del suo Regno.

Un amico fedele che non viene mai meno

C'è un grande insegnamento in quella preghiera che da otto secoli non ha mai smesso di palpitare, che san Francesco compose sul finire della sua vita: il *Cantico di frate sole* o *delle creature*. Il Poverello non lo compose in un momento di gioia, di benessere, ma al contrario in mezzo agli stenti. Francesco è ormai quasi cieco, e avverte nel suo animo il peso di una solitudine che mai prima aveva provato: il mondo non è cambiato dall'inizio della sua predicazione, c'è ancora chi si lascia dilaniare da liti, e in più avverte i passi della morte che si fanno più vicini. Potrebbe essere il momento della delusione, di quella delusione estrema e della percezione del proprio fallimento. Ma Francesco in quell'istante di tristezza, in quell'istante buio prega. Come prega? «Laudato si', mi Signore...» Prega lodando. Francesco loda Dio per tutto, per tutti i doni del creato, e anche per la morte, che con coraggio chiama "sorella", "sorella morte". Questi esempi dei santi, dei cristiani, anche di Gesù, di lodare Dio nei momenti difficili, ci aprono le porte di una strada molto grande verso il Signore e ci purificano sempre. La lode purifica sempre.

I santi e le sante ci dimostrano che si può lodare sempre, nella buona e nella cattiva sorte, perché Dio è l'Amico fedele. Questo è il fondamento della lode: Dio è l'Amico fedele, e il suo amore non viene mai meno. Lui è accanto a noi, Lui ci aspetta sempre. Qualcuno diceva: «È la sentinella che è vicino a te e ti fa andare avanti con sicurezza». Nei momenti difficili e bui, troviamo il coraggio di dire: «Benedetto sei tu, o Signore». Lodare il Signore. Questo ci farà tanto bene.

VII

COLTIVA LA SAPIENZA

Chiediamo in dono la saggezza del cuore

Lo Spirito Santo rende il cristiano «sapiente». Questo, però, non nel senso che ha una risposta per ogni cosa, che sa tutto, ma nel senso che *sa* di Dio, sa come agisce Dio, conosce quando una cosa è di Dio e quando non lo è. Ha questa saggezza che Dio dà ai nostri cuori. Il cuore dell'uomo saggio ha *il gusto e il sapore di Dio*. Quanto è importante che nelle nostre comunità ci siano cristiani così! Tutto in loro parla di Dio e diventa un segno bello e vivo della sua presenza e del suo amore. Questa non è una cosa che possiamo improvvisare o che possiamo procurarci da noi stessi: è un dono che Dio fa a coloro che si rendono docili allo Spirito Santo. Noi abbiamo nel nostro cuore lo Spirito Santo; possiamo scegliere se ascoltarlo oppure no. Se lo ascoltiamo, Lui ci indicherà la via della saggezza, di quella saggezza che è vedere con gli occhi di Dio, sentire con le orecchie di Dio, amare con il cuore di Dio, giudicare le cose con il giudizio di Dio. Tutti possiamo averla. Soltanto, dobbiamo chiederla allo Spirito Santo.

Pensate a una mamma, a casa con i bambini, che quando uno fa una cosa l'altro ne pensa un'altra, e la povera mamma deve correre da una parte all'altra. Quando la mamma si stanca e li sgrida, quella è sapienza? No, quella non è sapienza. Invece, quando prende il bambino e lo rimprovera dolcemente e gli dice: «Questo non si fa» e con tanta pazienza gli spiega il motivo, questa è sapienza di Dio. È la sapienza che ci dà lo Spirito Santo! È forse sapienza di Dio quando, per esempio, due sposi litigano e poi non si guardano o si guardano con la faccia storta? No, non lo è! Invece, se si dicono: «Beh, è passata la tormenta, facciamo la pace», e ricominciano ad andare avanti, ecco, questo è il dono della sapienza.

Non è una cosa che si impara: è un regalo dello Spirito Santo. Per questo dobbiamo chiedere al Signore che ci dia lo Spirito Santo e ci dia il dono della *saggezza*. E così, con questa saggezza, andiamo avanti, costruiamo la famiglia, costruiamo la Chiesa, e tutti ci santifichiamo.

La sapienza di Dio ci apre agli altri

La sola cosa che ci orienta e ci fa andare avanti sul giusto sentiero è la sapienza, *la sapienza che nasce dalla fede*. Non è la falsa sapienza di questo mondo.

È la sapienza che si intravede negli occhi dei genitori e dei nonni, che hanno posto la loro fiducia in Dio. È la luce della presenza di Dio che possiamo vedere nei loro occhi, quella luce che hanno scoperto in Gesù, che *è* la sapienza stessa di Dio (cfr *1 Cor* 1,24).

Questa sapienza ci aiuta a riconoscere e *respingere le false promesse di felicità*. Ce ne sono tante! Una cultura che fa false promesse non può liberare, porta solo a un egoismo che riempie il cuore di oscurità e amarezza. La sapienza di Dio, invece, ci aiuta a sapere come accogliere e accettare coloro che agiscono e pensano diversamente da noi. È triste quando cominciamo a chiuderci nel nostro piccolo mondo e ci ripieghiamo su noi stessi. Allora facciamo nostro il principio del "come dico io o arrivederci". Questo è un cattivo principio, che non aiuta. E quando lo applichiamo rimaniamo intrappolati, chiusi in noi stessi. Quando un popolo, una religione o una società diventano un "piccolo mondo", perdono il meglio che hanno e precipitano in una mentalità presuntuosa, quella dell'"io sono buono, tu sei cattivo". Le conseguenze di questo modo di pensare sono che perdiamo la direzione e perdiamo noi stessi, e la vita ci diventa insensata.

La sapienza di Dio ci apre agli altri. Ci aiuta a guardare oltre le nostre comodità personali e a liberarci delle false sicurezze che ci rendono ciechi davanti ai grandi ideali, quegli ideali che rendono la vita più bella e degna di essere vissuta.

Ascoltare gli umili

Tra le figure di donne che l'Antico Testamento ci presenta, risalta quella di una grande eroina del popolo: Giuditta. Il libro biblico che porta il suo nome narra l'imponente campagna militare del re Nabucodonosor, il quale, regnando in Ninive, allarga i confini dell'Impero sconfiggendo e asservendo tutti i popoli intorno. Un grande, invincibile nemico che semina morte e distruzione e che arriva fino alla Terra Promessa, mettendo in pericolo la vita dei figli di Israele. L'esercito di Nabucodonosor, infatti, sotto la guida del generale Oloferne, pone l'assedio a una città della Giudea, Betulia, tagliando il rifornimento dell'acqua e fiaccando così la resistenza della popolazione.

La situazione si fa drammatica, al punto che gli abitanti della città si rivolgono agli anziani chiedendo di arrendersi ai nemici. Le loro sono parole disperate: «Non c'è più nessuno che ci possa aiutare, perché Dio ci ha venduti nelle loro mani per essere abbattuti davanti a loro dalla sete e da terribili mali». Arrivano a dire questo: «Dio ci ha venduti». (*Gdt* 7,25-26).

È in tale situazione che compare sulla scena Giuditta. Vedova, donna di grande bellezza e saggezza, parla al popolo con il linguaggio della fede. Coraggiosa, lo rimprovera ed esorta: «Attendiamo fiduciosi la salvezza che viene da lui, supplichiamolo che venga in nostro aiuto e ascolterà il nostro grido, se a lui piacerà» (8,13.14-15.17). Con la forza di un profeta, Giuditta richiama gli uomini del suo popolo per riportarli alla fiducia in Dio; con lo sguardo di un profeta, ella vede al di là dello stretto orizzonte proposto dai capi e che la paura rende ancora più limitato. Dio agirà di certo.

Il Signore è Dio di salvezza – e lei ci crede – qualunque forma essa prenda. È salvezza liberare dai nemici e far vivere, ma, nei suoi piani impenetrabili, può essere salvezza anche consegnare alla morte. Donna di fede, lei lo sa. Poi conosciamo la fine, come è finita la storia: Dio salva.

Cari fratelli e sorelle, non mettiamo mai condizioni a Dio e lasciamo invece che la speranza vinca i nostri timori. Fidarsi di Dio vuol dire entrare nei suoi disegni senza nulla pretendere, anche accettando che la sua salvezza e il suo aiuto giungano a noi in modo diverso dalle nostre aspettative. Noi chiediamo al Signore vita, salute, affetti, felicità; ed è giusto farlo, ma nella consapevolezza che Dio sa trarre vita anche dalla morte, che si può sperimentare la pace anche nella malattia, e che ci può essere serenità anche nella solitudine e beatitudine nel pianto. Non siamo noi che possiamo insegnare a Dio quello che deve fare, ciò di cui noi abbiamo bisogno. Lui lo sa meglio di noi, e dobbiamo fidarci, perché le sue vie e i suoi pensieri sono diversi dai nostri.

Il cammino che Giuditta ci indica è quello della fiducia, dell'attesa nella pace, della preghiera e dell'obbedienza. È il cammino della speranza. Senza facili rassegnazioni, facendo tutto quanto è nelle nostre possibilità, ma sempre rimanendo nel solco della volontà del Signore, perché – lo sappiamo – ha pregato tanto, ha parlato tanto al popolo e poi, coraggiosa, se ne è andata, ha cercato il modo di avvicinarsi al capo dell'esercito ed è riuscita a tagliargli il capo, a sgozzarlo. È coraggiosa nella fede e nelle opere. E cerca sempre il Signore! Giuditta, di fatto, ha un suo piano, lo attua con successo e porta il popolo alla vittoria, ma sempre nell'atteggiamento di fede di chi tutto accetta dalla mano di Dio, sicura della sua bontà.

Così, una donna piena di fede e di coraggio ridà forza al suo popolo in pericolo mortale e lo conduce sulle vie della speranza, indicandole anche a noi. E noi, se facciamo un po' di memoria, quante volte abbiamo sentito parole sagge, coraggiose, da persone umili, da donne umili che uno magari considera – senza disprezzarle – ignoranti... Ma sono parole della saggezza di Dio!

Non c'è futuro se non insieme

Nella prova della pandemia, anche noi, come il discepolo Tommaso, con i nostri timori e i nostri dubbi, ci siamo ritrovati fragili. Abbiamo bisogno del Signore, che vede in noi, al di là delle nostre fragilità, una bellezza insopprimibile. Scopriamo di essere come dei bellissimi cristalli, fragili e preziosi al tempo stesso. E se, come il cristallo, siamo trasparenti di fronte a Lui, la sua luce, la luce della misericordia, brilla in noi e, attraverso di noi, nel mondo. Ecco il motivo per essere, come ci ha detto la Lettera di Pietro, «ricolmi di gioia, anche se ora [...], per un po' di tempo, afflitti da varie prove» (*1 Pt* 1,6).

L'annuncio più bello giunge attraverso il discepolo arrivato più tardi. Mancava solo lui, Tommaso. Ma il Signore lo ha atteso. La misericordia non abbandona chi rimane indietro. Ora, mentre pensiamo a una lenta e faticosa ripresa dalla pandemia, si insinua proprio questo pericolo: dimenticare chi è rimasto indietro. Il rischio è che ci colpisca un virus ancora peggiore, quello dell'*egoismo indifferente*. Si trasmette a partire dall'idea che la vita migliora se va meglio a me, che tutto andrà bene se andrà bene per me. Si parte da qui e si arriva a selezionare le persone, a scartare i poveri, a immolare chi sta indietro sull'altare del progresso. Questa pandemia ci ricorda però che non ci sono differenze e confini tra chi soffre. Siamo tutti fragili, tutti uguali, tutti preziosi. Quel che sta accadendo ci scuota dentro: è tempo di rimuovere le disuguaglianze, di *risanare l'ingiustizia* che mina alla radice la salute dell'intera umanità! Impariamo dalla comunità cristiana delle origini, descritta negli Atti degli Apostoli. Aveva ricevuto misericordia e viveva con misericordia: «Tutti i credenti avevano ogni cosa in comune; vendevano le loro proprietà e sostanze e le dividevano con tutti, secondo il bisogno di ciascuno» (*At* 2,44-45). Non è ideologia, è cristianesimo.

In quella comunità, dopo la risurrezione di Gesù, uno solo era rimasto indietro e gli altri lo aspettarono. Oggi sembra il contrario: una piccola parte dell'umanità è andata avanti, mentre la maggioranza è rimasta indietro. E ognuno potrebbe dire: «Sono problemi complessi, non sta a me prendermi cura dei bisognosi, altri devono pensarci!» Santa Faustina, dopo aver incontrato Gesù, scrisse: «In un'anima sofferente dobbiamo vedere Gesù Crocifisso e non un parassita e un peso... Signore, ci dai la possibilità di esercitarci nelle opere di misericordia e noi ci esercitiamo nei giudizi» (*Diario*, 6 settembre 1937). Lei stessa, però, un giorno si lamentò con Gesù che, a essere misericordiosi, si passa per ingenui. Disse: «Signore, abusano spesso della mia bontà». E Gesù: «Non importa, figlia mia, non te ne curare, tu sii sempre misericordiosa con tutti» (24 dicembre 1937). Con tutti: non pensiamo solo ai nostri interessi, agli interessi di parte. Cogliamo questa prova come un'opportunità per preparare il domani di tutti, senza scartare nessuno: di tutti. Perché senza una visione d'insieme non ci sarà futuro per nessuno.

Lasciati amare

Cerca di rimanere un momento in silenzio lasciandoti amare da Dio. Cerca di mettere a tacere tutte le voci e le grida interiori e rimani un momento nel suo abbraccio d'amore. Quando ti chiede qualcosa o quando semplicemente permette quelle sfide che la vita ti presenta, si aspetta che tu gli faccia spazio per spingerti ad andare avanti, per spronarti, per farti maturare. Non gli dà fastidio che tu gli esprima i tuoi dubbi, quello che lo preoccupa è che non gli parli, che tu non ti apra con sincerità al dialogo con Lui. Il suo amore è così reale, così vero, così concreto, che ci offre una relazione piena di dialogo sincero e fecondo. Infine, cerca l'abbraccio del tuo Padre celeste nel volto amorevole dei suoi coraggiosi testimoni sulla Terra!

Sabbie mobili

La conversione comporta il dolore per i peccati commessi, il desiderio di liberarsene, il proposito di escluderli per sempre dalla propria vita. Per escludere il peccato, bisogna rifiutare anche tutto ciò che è legato a esso, le cose che sono legate al peccato e cioè bisogna rifiutare la mentalità mondana, la stima eccessiva delle comodità, la stima eccessiva del piacere, del benessere, delle ricchezze. Ecco il primo aspetto della conversione: *distacco dal peccato e dalla mondanità*. Incominciare un cammino di distacco da queste cose.

L'altro aspetto della conversione è la fine del cammino, cioè la *ricerca di Dio e del suo Regno*. Distacco dalle cose mondane e ricerca di Dio e del suo Regno. L'abbandono delle comodità e della mentalità mondana non è fine a se stesso, non è un'ascesi solo per fare penitenza: il cristiano non fa "il fachiro". È un'altra cosa. Non è fine a se stesso, il distacco, ma è finalizzato al conseguimento di qualcosa di più grande, cioè il Regno di Dio, la comunione con Dio, l'amicizia con Dio. Ma questo non è facile, perché la tentazione sempre tira giù, tira giù, e sono tanti i legami che ci tengono vicini al peccato: l'incostanza, lo scoraggiamento, la malizia, gli ambienti nocivi, i cattivi esempi. A volte è troppo debole la spinta che sentiamo verso il Signore e sembra quasi che Dio taccia; ci sembrano lontane e irreali le sue promesse di consolazione. E allora si è tentati di dire che è impossibile convertirsi veramente. Quante volte abbiamo sentito questo scoraggiamento!

«No, non ce la faccio. Io vado avanti un po' e poi torno indietro». Questo è brutto, ma è possibile che accada. Quando ti viene questo scoraggiamento, non rimanere lì, perché questo pensiero è come le sabbie mobili: le sabbie mobili di un'esistenza mediocre. La mediocrità è questo. Che cosa si può fare in questi casi, quando uno vorrebbe andare ma sente che non ce la fa? Prima di tutto ricordarci che la conversione è *una grazia*: nessuno può convertirsi con le proprie forze. È una grazia che ti dà il Signore, e pertanto da chiedere a Dio con forza. Dobbiamo chiedere a Dio che Lui ci converta, che davvero noi possiamo convertirci, nella misura in cui ci apriamo alla bellezza, alla bontà, alla tenerezza di Dio. Pensate alla tenerezza di Dio. Dio non è un padre brutto, un padre cattivo, no. È tenero, ci ama tanto, come il buon Pastore, che cerca l'ultima pecora del suo gregge. Dio è amore. E la conversione è questo: una grazia di Dio. Tu incomincia a camminare, perché è Lui che ti muove a farlo e vedrai come Lui arriverà. Prega, cammina e farai sempre un passo in avanti.

Il piano d'azione del cristiano

Per favore, non "frullate" la fede in Gesù Cristo. C'è il frullato d'arancia, c'è il frullato di mela, il frullato di banana, ma per favore non bevete "frullato" di fede. La fede è intera, non si frulla. È la fede in Gesù. È la fede nel Figlio di Dio fatto uomo, che mi ha amato ed è morto per me. Allora: fatevi sentire. Abbiate cura di coloro che sono agli estremi della società, gli anziani e i giovani. Non lasciatevi escludere e non lasciate che si escludano gli anziani. Secondo: non "frullate" la fede in Gesù Cristo.

«Che cosa dobbiamo fare allora, Padre?» Leggete le Beatitudini, che vi faranno bene. Se volete sapere che cosa dovete fare concretamente leggete Matteo capitolo 25, che è il protocollo con il quale verremo giudicati. Con queste due cose avete il piano d'azione: le Beatitudini e Matteo 25. Non avete bisogno di leggere altro. Ve lo chiedo con tutto il cuore: non frullate la fede.

Custodisci la fede!

La preghiera ci apre alla fiducia in Dio anche nei momenti difficili, ci aiuta a sperare contro tutte le evidenze, ci sostiene nella battaglia quotidiana. Non è una fuga, un modo per scappare dai problemi. Al contrario, è l'unica arma che abbiamo per custodire l'amore e la speranza in mezzo a tante armi che seminano morte. Non è facile alzare lo sguardo quando siamo nel dolore, ma la fede ci aiuta a vincere la tentazione di ripiegarci su noi stessi! Forse vorremmo protestare, gridare la nostra sofferenza anche a Dio: non dobbiamo avere paura, anche questa è preghiera. Diceva un'anziana ai suoi nipoti: «Anche arrabbiarsi con Dio può essere una preghiera». Ecco la saggezza dei giusti e dei semplici, che sanno alzare gli occhi nei momenti difficili... In certi momenti, è una preghiera che Dio accoglie più delle altre perché nasce da un cuore ferito, e il Signore sempre ascolta il grido del suo popolo e asciuga le sue lacrime. Cari fratelli e sorelle, non smettete di guardare in alto. Custodite la fede!

Fatti stella e diffondi la luce di Cristo

Come la luce di Cristo si diffonde in ogni luogo e in ogni tempo? Ha il suo metodo per diffondersi. Non lo fa attraverso i potenti mezzi degli imperi di questo mondo, che cercano sempre di accaparrarsene il dominio. No, la luce di Cristo si diffonde attraverso l'annuncio del Vangelo. L'annuncio, la parola, e la testimonianza. E con lo stesso "metodo" scelto da Dio per venire in mezzo a noi: l'incarnazione, cioè il farsi prossimo all'altro, incontrarlo, assumere la sua realtà e portare la testimonianza della nostra fede. Ognuno di noi. Solo così la luce di Cristo, che è Amore, può risplendere in quanti la accolgono e attirare gli altri. Non si allarga la luce di Cristo con le parole soltanto, con metodi finti, imprenditoriali... No, no. La fede, la parola, la testimonianza: così si allarga la luce di

Cristo. La stella è Cristo, ma la stella possiamo e dobbiamo essere anche noi, per i nostri fratelli e le nostre sorelle, come testimoni dei tesori di bontà e di misericordia infinita che il Redentore offre gratuitamente a tutti. La luce di Cristo non si allarga con il proselitismo, si allarga con la testimonianza, con la confessione della fede. Anche con il martirio.

Dunque, la condizione è accogliere in sé questa luce, accoglierla sempre di più. Guai se pensiamo di possederla, guai se pensiamo di doverla solo "gestire"!

Una fede triste... meglio non averla

Il cammino della gioia non è una passeggiata. Ci vuole lavoro per essere sempre nella gioia. Giovanni ha lasciato tutto, fin da giovane, per mettere al primo posto Dio, per ascoltare con tutto il cuore e tutte le forze la sua Parola. Giovanni si è ritirato nel deserto spogliandosi di ogni cosa superflua, per essere più libero di seguire il vento dello Spirito Santo. Certo, alcuni tratti della sua personalità sono unici, irripetibili, non proponibili a tutti. Ma la sua testimonianza è paradigmatica per chiunque voglia cercare il senso della propria vita e trovare la vera gioia. In particolare, il Battista è modello per quanti nella Chiesa sono chiamati ad annunciare Cristo agli altri: possono farlo solo nel distacco da se stessi e dalla mondanità, non attirando le persone a sé ma orientandole a Gesù. La gioia è questo: orientare a Gesù. E la gioia deve essere la caratteristica della nostra fede. Anche nei momenti bui, quella gioia interiore di sapere che il Signore è con me, che il Signore è con noi, che il Signore è risorto. Il Signore! Il Signore! Il Signore! Questo è il centro della nostra vita, e questo è il centro della nostra gioia. Pensate bene oggi: come mi comporto io? Sono una persona gioiosa che sa trasmettere la gioia di essere cristiano, o sono come quelli sempre tristi che sembrano stare a una veglia funebre? Se io non ho la gioia della mia fede, non potrò dare testimonianza e gli altri diranno: «Ma se la fede è così triste, meglio non averla».

Non temiamo di essere veritieri

Credo che tutti noi sappiamo cosa significa la parola ipocrisia. Cos'è l'ipocrisia? Quando noi diciamo: state attento che quello è un ipocrita: cosa vogliamo dire? Cos'è l'ipocrisia? Si può dire che è paura della verità. L'ipocrita ha paura della verità. Si preferisce fingere piuttosto che essere se stessi. È come truccarsi l'anima, come truccarsi negli atteggiamenti, nel modo di procedere: non è la verità. E la finzione impedisce il coraggio di dire apertamente la verità e così ci si sottrae facilmente all'obbligo di dirla sempre, dovunque e nonostante tutto. La finzione ti porta a questo: alle mezze verità. E le mezze verità sono una finzione: perché la verità è verità o non è verità. Ma le mezze verità sono questo modo di agire non vero. Si preferisce, come ho detto, fingere piuttosto che essere se stessi, e la finzione impedisce quel coraggio, di dire apertamente la verità. E così ci si sottrae all'obbligo – e questo è un comandamento – di dire sempre la verità, dirla dovunque e dirla nonostante tutto. In un ambiente dove le relazioni interpersonali sono vissute all'insegna del formalismo, si diffonde facilmente il virus dell'ipocrisia. Quel sorriso che non viene dal cuore, quel cercare di stare bene con tutti, ma con nessuno...

L'ipocrita è una persona che finge, lusinga e trae in inganno perché vive con una maschera sul volto, e non ha il coraggio di confrontarsi con la verità. Per questo, non è capace di amare veramente – un ipocrita non sa amare – si limita a vivere di egoismo e non ha la forza di mostrare con trasparenza il suo cuore. Ci sono molte situazioni in cui si può verificare l'ipocrisia. Spesso si nasconde nel luogo di lavoro, dove si cerca di apparire amici con i colleghi mentre la competizione porta a colpirli alle spalle. Nella politica non è inusuale trovare ipocriti che vivono uno sdoppiamento tra il pubblico e il privato. È particolarmente detestabile l'ipocrisia nella Chiesa, ma purtroppo esiste, e ci sono tanti cristiani e tanti ministri ipocriti. Non dovremmo mai dimenticare le parole del Signore: «Sia il vostro parlare sì sì, no no, il di più viene dal maligno» (*Mt* 5,37). Fratelli e sorelle, non abbiamo paura di essere veritieri, di dire la verità, di sentire la verità, di conformarci alla verità. Così potremo amare. Un ipocrita non sa amare.

Dio è pane, non contorno

Ci farebbe più comodo un Dio che sta in Cielo senza immischiarsi nella nostra vita, mentre noi possiamo gestire le faccende di quaggiù. Invece Dio si è fatto uomo per entrare nella concretezza del mondo, per entrare nella nostra concretezza, Dio si è fatto uomo per me, per te, per tutti noi, per entrare nella nostra vita. E tutto della nostra vita gli interessa. Gli possiamo raccontare gli affetti, il lavoro, la giornata, i dolori, le angosce, tante cose. Gli possiamo dire tutto perché Gesù desidera questa intimità con noi. Che cosa non desidera? Essere relegato a contorno – Lui che è il pane –, essere trascurato e messo da parte, o chiamato in causa solo quando ne abbiamo bisogno.

Guardati dalla tentazione di pensare solo a te stesso

«Salva te stesso!» (*Mc* 15,30). È una tentazione cruciale, che insidia tutti, anche noi cristiani: è la tentazione di pensare solo a salvaguardare se stessi o il proprio gruppo, di avere in testa soltanto i propri problemi e i propri interessi, mentre tutto il resto non conta. È un istinto molto umano, ma cattivo, ed è l'ultima sfida al Dio crocifisso.

1. La gente comune
Salva te stesso. Lo dicono per primi «quelli che passavano di là» (*Mc* 15,29). Era gente comune, che aveva

sentito Gesù parlare e operare prodigi. Ora gli dicono: «Salva te stesso, scendendo dalla croce». Non avevano compassione, ma voglia di miracoli. Forse anche noi a volte preferiremmo un dio spettacolare anziché compassionevole, un dio potente agli occhi del mondo, che s'impone con la forza e sbaraglia chi ci vuole male. Ma questo non è Dio, è il nostro io. Quante volte vogliamo un dio a nostra misura, anziché diventare noi a misura di Dio; un dio come noi, anziché diventare noi come Lui!

2. *I capi*

Salva te stesso. In seconda battuta si fanno avanti i capi dei sacerdoti e gli scribi. Erano quelli che avevano condannato Gesù perché rappresentava per loro un pericolo. Ma tutti siamo specialisti nel mettere in croce gli altri pur di salvare noi stessi. Gesù, invece, si lascia inchiodare per insegnarci a non scaricare il male sugli altri. Quei capi religiosi lo accusano proprio a causa degli altri: «Ha salvato *altri* e non può salvare se stesso!» (*Mc* 15,31). Conoscevano Gesù, ricordavano le guarigioni e le liberazioni che aveva compiuto e fanno un collegamento malizioso: insinuano che salvare, soccorrere gli altri non porta alcun bene; Lui, che si era tanto prodigato per gli altri, sta perdendo se stesso! L'accusa è beffarda e si riveste di termini religiosi, usando due volte il verbo *salvare*. Ma il "vangelo" del *salva te stesso* non è il Vangelo della salvezza. È il vangelo apocrifo più falso, che mette le croci addosso agli altri. Il Vangelo vero, invece, si carica delle croci degli altri.

3. I condannati

Salva te stesso. Infine, anche quelli crocifissi con Gesù si uniscono al clima di sfida contro di Lui. Com'è facile criticare, parlare contro, vedere il male negli altri e non in se stessi, fino a scaricare le colpe sui più deboli ed emarginati! Ma perché quei crocifissi se la prendono con Gesù? Perché non li toglie dalla croce. Gli dicono: «Salva te stesso *e noi*!» (*Lc* 23,39). Cercano Gesù solo per risolvere i loro problemi. Ma Dio non viene tanto a liberarci dai problemi, che sempre si ripresentano, ma per salvarci dal vero problema, che è la mancanza di amore.

Cari fratelli e sorelle, sul Calvario è avvenuto il grande duello tra Dio venuto a salvarci e l'uomo che vuole salvare se stesso; tra la fede in Dio e il culto dell'io; tra l'uomo che accusa e Dio che scusa. Ed è arrivata la vittoria di Dio, la sua misericordia è scesa sul mondo.

VIII

NON STARE AL BALCONE

Se cerchi Dio in poltrona o allo specchio... non lo troverai mai

Come si ascolta il Signore? Come si ascolta? Dove parla, il Signore? Voi avete il numero del telefonino del Signore, per chiamarlo? Come si ascolta il Signore? Vi direi questo, e questo sul serio: il Signore non si ascolta stando *in poltrona*. Capite? Me ne sto seduto, la vita comoda, senza far nulla, e vorrei ascoltare il Signore. Ti assicuro che ascolterai qualsiasi cosa, tranne che il Signore. Il Signore, con la vita comoda, non lo si ascolta. Rimanere seduti, nella vita, – questo è molto importante – crea interferenza con la Parola di Dio, che è dinamica. La Parola di Dio non è statica, e se tu sei statico non puoi sentirla. Dio si scopre *camminando*. Se tu non sei in cammino per fare qualcosa, per lavorare per gli altri, per portare una testimonianza, per fare il bene, mai ascolterai il Signore. Per ascoltare il Signore bisogna essere in cammino, non stare ad aspettare che nella vita accada magicamente qualcosa.

Gesù ci dà un consiglio per ascoltare la voce del Signore: «Cercate e troverete» (*Lc* 11,9). Già, ma dove cercare? Non sul telefonino, come ho detto, lì le chiamate del Signore non arrivano. Non in televisione, dove il Signore non possiede alcun canale. Neanche nella musica assordante e nello sballo che intontisce: lì la linea col Cielo è interrotta. Il Signore non va neppure cercato davanti allo specchio, dove stando soli rischiate di rimanere delusi da quello che siete. Di fronte allo specchio, da soli a dirvi «ma io chi sono?, che faccio?, non so cosa fare...», potreste provare quell'amarezza, che sentite a volte, che porta alla tristezza. No. In cammino, sempre in cammino. Non cercatelo nella vostra stanzetta, chiusi in voi stessi a ripensare al passato o a vagare col pensiero in un futuro ignoto. No, Dio parla ora *nella relazione*. Nel cammino e nella relazione con gli altri. Non chiudetevi in voi stessi, confidatevi con Lui, affidate tutto a Lui, cercatelo nella preghiera, cercatelo nel dialogo con gli altri, cercatelo sempre in movimento, cercatelo in cammino.

Spazi digitali e vita reale

In un documento preparato da trecento giovani di tutto il mondo, questi hanno segnalato che «le relazioni online possono diventare disumane. Gli spazi digitali ci rendono ciechi alla fragilità dell'altro e ci impediscono l'introspezione. Problemi come la pornografia distorcono la percezione della sessualità da parte dei giovani. La tecnologia usata in questo modo crea una ingannevole realtà parallela che ignora la dignità umana». L'immersione nel mondo virtuale ha favorito una sorta di "migrazione digitale", vale a dire un distanziamento dalla famiglia, dai valori culturali e religiosi, che conduce molte persone verso un mondo di solitudine e di auto-invenzione, fino a sperimentare una mancanza di radici, benché rimangano fisicamente nello stesso luogo. La vita nuova e traboccante dei giovani, che preme e cerca di affermare la propria personalità, affronta oggi una nuova sfida: interagire con un mondo virtuale in cui si addentrano da soli come in un continente sconosciuto. I giovani di oggi sono i primi a operare questa sintesi tra ciò che è personale, ciò che è specifico di una cultura e ciò che è globale. Questo però richiede che riescano a passare dal contatto virtuale a una comunicazione buona e sana.

L'invasione dell'intimità

Paradossalmente, mentre crescono atteggiamenti chiusi e intolleranti che ci isolano rispetto agli altri, si riducono o spariscono le distanze, fino al punto che viene meno il diritto all'intimità. Tutto diventa una specie di spettacolo che può essere spiato, vigilato, e la vita viene esposta a un controllo costante. Nella comunicazione digitale si vuole mostrare tutto e ogni individuo diventa oggetto di sguardi che frugano, denudano e divulgano, spesso in maniera anonima. Il rispetto verso l'altro si sgretola e in tal modo, nello stesso tempo in cui lo sposto, lo ignoro e lo tengo a distanza, senza alcun pudore posso invadere la sua vita fino all'estremo.

I ponti non si costruiscono online

I media digitali possono esporre al rischio di dipendenza, di isolamento e di progressiva perdita di contatto con la realtà concreta, ostacolando lo sviluppo di relazioni interpersonali autentiche. C'è bisogno di gesti fisici, di espressioni del volto, di silenzi, di linguaggio corporeo, e persino di profumo, tremito delle mani, rossore, sudore, perché tutto ciò parla e fa parte della comunicazione umana. I rapporti digitali, che dispensano dalla fatica di coltivare un'amicizia, una reciprocità stabile e anche un consenso che matura con il tempo, hanno solo un'apparenza di socievolezza. Non costruiscono veramente un "noi", ma solitamente dissimulano e amplificano lo stesso individualismo che si esprime nella xenofobia e nel disprezzo dei deboli. La connessione digitale non basta per gettare ponti, non è in grado di unire l'umanità.

Non tutto può essere un "mi piace/non mi piace"

La vera saggezza presuppone l'incontro con la realtà. Ma oggi tutto si può produrre, dissimulare, modificare. Questo fa sì che l'incontro diretto con i limiti della realtà diventi insopportabile. Di conseguenza, si attua un meccanismo di "selezione" e si crea l'abitudine di separare immediatamente ciò che piace da ciò che non piace, le cose attraenti da quelle spiacevoli. Con la stessa logica si scelgono le persone con le quali si decide di condividere il mondo. Così le persone o le situazioni che hanno ferito la nostra sensibilità o ci sono risultate sgradite, oggi semplicemente vengono eliminate nelle reti virtuali, costruendo un circolo virtuale che ci isola dal mondo in cui viviamo.

Il mettersi seduti ad ascoltare l'altro, caratteristico di un incontro umano, è un paradigma di atteggiamento accogliente, di chi supera il narcisismo e accoglie l'altro, gli presta attenzione, gli fa spazio nella propria cerchia.

Venendo meno il silenzio e l'ascolto, e trasformando tutto in battute e messaggi rapidi e impazienti, si mette in pericolo la struttura basilare di una saggia comunicazione umana. Si crea un nuovo stile di vita in cui si costruisce ciò che si vuole avere davanti, escludendo tutto quello che non si può controllare o conoscere superficialmente e istantaneamente. Tale dinamica, per sua logica intrinseca, impedisce la riflessione serena che potrebbe condurci a una saggezza comune.

Possiamo cercare insieme la verità nel dialogo, nella conversazione pacata o nella discussione appassionata. È un cammino perseverante, fatto anche di silenzi e di sofferenze, capace di raccogliere con pazienza la vasta esperienza delle persone e dei popoli.

Disposti a incontrarci oltre la rete

Il cumulo opprimente di informazioni che ci inonda non equivale a maggior saggezza. La saggezza non si fabbrica con impazienti ricerche in internet, e non è una sommatoria di informazioni la cui veracità non è assicurata. In questo modo non si matura nell'incontro con la verità. Le conversazioni alla fine ruotano intorno agli ultimi dati, sono meramente orizzontali e cumulative. Non si presta invece un'attenzione prolungata e penetrante al cuore della vita, non si riconosce ciò che è essenziale per dare un senso all'esistenza. Così, la libertà diventa un'illusione che ci viene venduta e che si confonde con la libertà di navigare davanti a uno schermo. Il problema è che una via di fraternità, locale e universale, la possono percorrere soltanto spiriti liberi e disposti a incontri reali.

Quello che i robot non sanno fare

L'altro giorno una persona mi domandava, parlando dell'intelligenza artificiale: «Ma l'intelligenza artificiale potrà fare tutto?» «I robot futuri potranno fare tutto, tutto quello che fa una persona. Tranne che cosa?», ho risposto io. «Quale cosa non potranno fare?» Quella persona ha riflettuto un po' e mi ha detto: «Soltanto una cosa non potranno avere: la tenerezza». E la tenerezza è come la speranza. Come dice il poeta Charles Péguy, sono delle virtù umili. Sono virtù che accarezzano, che non affermano...

Credo che – e vorrei sottolinearlo – nella nostra conversione ecologica dobbiamo lavorare su questa ecologia umana; lavorare sulla nostra tenerezza e capacità di accarezzare... Dobbiamo lavorare sulla capacità di accarezzare, che è una caratteristica del vivere bene in armonia.

Un grande passo per l'umanità

Quando l'uomo mise piede sulla luna, fu detta una frase che divenne famosa: «Questo è un piccolo passo per un uomo, un grande balzo per l'umanità». In effetti, l'umanità aveva raggiunto un traguardo storico. Ma nell'Assunzione di Maria in Cielo, celebriamo una conquista infinitamente più grande. La Madonna ha poggiato i piedi in Paradiso: non ci è andata solo in spirito, ma anche con il corpo, con tutta se stessa. Questo passo della piccola Vergine di Nazaret è stato il grande balzo in avanti dell'umanità. Serve poco andare sulla Luna se non viviamo da fratelli sulla Terra. Ma che una di noi abiti in Cielo col corpo ci dà speranza: capiamo che siamo preziosi, destinati a risorgere. Dio non lascerà svanire il nostro corpo nel nulla. Con Dio nulla andrà perduto! In Maria la meta è raggiunta e noi abbiamo davanti agli occhi il motivo per cui camminiamo: non per conquistare le cose di quaggiù, che svaniscono, ma per conquistare la patria di lassù, che è per sempre.

Non essere una fotocopia, diventa te stesso

È vero che il mondo digitale può esporti al rischio di chiuderti in te stesso, dell'isolamento o del piacere vuoto. Ma non dimenticare che ci sono giovani che anche in questi ambiti sono creativi e a volte geniali. È il caso del giovane Carlo Acutis. Egli sapeva molto bene che questi meccanismi della comunicazione, della pubblicità e delle reti sociali possono essere utilizzati per farci diventare soggetti addormentati, dipendenti dal consumo, ossessionati dal tempo libero, chiusi nella negatività. Lui però ha saputo usare le nuove tecniche di comunicazione per trasmettere il Vangelo, per comunicare valori e bellezza.

Non è caduto nella trappola. Vedeva che molti giovani, pur sembrando diversi, in realtà finiscono per essere uguali agli altri, correndo dietro a ciò che i potenti impongono loro attraverso i meccanismi del consumo e dello stordimento. In tal modo, non lasciano sbocciare i doni che il Signore ha dato loro, non offrono a questo mondo quelle capacità così personali e uniche che Dio ha seminato in ognuno. Così, diceva Carlo, succede che «tutti nascono come originali, ma molti muoiono come fotocopie». Non lasciare che ti succeda questo.

Non lasciare che ti rubino la speranza e la gioia, che ti narcotizzino per usarti come schiavo dei loro interessi. Osa essere di più, perché il tuo essere è più importante di ogni altra cosa. Non hai bisogno di possedere o di apparire. Puoi arrivare a essere ciò che Dio, il tuo Creatore, sa che tu sei, se riconosci che sei chiamato a molto di più. Invoca lo Spirito Santo e cammina con fiducia verso la grande meta: la santità. In questo modo non sarai una fotocopia, sarai pienamente te stesso.

IX

SPORCATI LE MANI

Fate i conti con le vostre paure

Quali paure avete? Che cosa vi preoccupa di più nel profondo? Una paura "di sottofondo" che esiste in molti di voi è quella di non essere amati, benvoluti, di non essere accettati per quello che siete. Oggi, sono tanti i giovani che hanno la sensazione di dover essere diversi da ciò che sono in realtà, nel tentativo di adeguarsi a standard spesso artificiosi e irraggiungibili. Fanno continui fotoritocchi delle proprie immagini, nascondendosi dietro a maschere e false identità, fin quasi a diventare loro stessi un *fake*. C'è in molti l'ossessione di ricevere il maggior numero possibile di "mi piace". E da questo senso di inadeguatezza sorgono tante paure e incertezze. Altri temono di non riuscire a trovare una sicurezza affettiva e rimanere soli. In molti, davanti alla precarietà del lavoro, subentra la paura di non riuscire a trovare una soddisfacente affermazione professionale, di non veder realizzati i propri sogni. Sono timori oggi molto presenti in tanti giovani, sia credenti che non credenti. E anche coloro che hanno accolto il dono della fede, e cercano con serietà la propria vocazione, non sono certo esenti da timori. Alcuni pensano: forse Dio mi chiede o mi chiederà troppo; forse, percorrendo la strada indicatami da Lui, non sarò veramente felice, o non sarò all'altezza di ciò che mi chiede. Altri si domandano: se seguo la via che Dio mi indica, chi mi garantisce che riuscirò a percorrerla fino in fondo? Mi scoraggerò? Perderò entusiasmo? Sarò capace di perseverare tutta la vita? Vi invito tutti a guardarvi dentro e a "dare un nome" alle vostre paure. Chiedetevi: oggi, nella situazione concreta che sto vivendo, che cosa mi angoscia, che cosa temo di più? Che cosa mi blocca e mi impedisce di andare avanti? Perché non ho il coraggio di fare le scelte importanti che dovrei fare? Non abbiate timore di guardare con onestà alle vostre paure, riconoscerle per quello che sono e fare i conti con esse.

Piccoli passi per diventare migliori

Ciascuno di noi può fare un po' di esame di coscienza, chiedendo a se stesso: come ho risposto finora alla chiamata del Signore alla santità? Ho voglia di diventare migliore, di essere più cristiano, più cristiana? Questa è la strada della santità. Quando il Signore ci invita a diventare santi, non ci chiama a qualcosa di pesante, di triste… Tutt'altro! È l'invito a condividere la sua gioia, a vivere e a offrire con gioia ogni momento della nostra vita, facendolo diventare allo stesso tempo un dono d'amore per le persone che ci stanno accanto. Se comprendiamo questo, tutto cambia e acquista un significato nuovo, un significato bello. A cominciare dalle piccole cose di ogni giorno. Faccio degli esempi. Una signora va al mercato a fare la spesa, incontra una vicina, incominciano a parlare e presto si arriva alle chiacchiere. Questa signora invece dice: «No, no, no, io non sparlerò di nessuno». Questo è un passo verso la santità, ti aiuta a diventare più santo. Oppure, quando arrivi a casa e tuo figlio ti chiede di parlare un po' con lui delle sue cose fantasiose e tu vorresti dire: «Oh, sono troppo stanco, ho lavorato tanto oggi…», invece ti accomodi e lo ascolti con pazienza: questo è un passo verso la santità. Quando alla fine della giornata siamo stanchi, ma dedichiamo ugualmente il tempo alla preghiera, o quando la domenica andiamo a Messa, facciamo la comunione, magari preceduta da una bella confessione che ci pulisca un po', stiamo facendo tutti passi verso la santità. Poi pensiamo alla Madonna, tanto buona, tanto bella, e prendiamo il rosario e la preghiamo, ed ecco un altro passo. Poi vado per strada, vedo un povero, un bisognoso, mi fermo, gli domando come sta, gli do qualcosa: è un passo verso la santità.

Sono piccole cose, ma tanti piccoli passi verso la santità. Ogni passo ci renderà persone migliori, libere dall'egoismo e dalla chiusura in se stesse, e aperte ai fratelli e alle loro necessità.

A chi vuoi somigliare?

Il "ristoro" che Cristo offre agli affaticati e oppressi non è un sollievo soltanto psicologico o un'elemosina elargita, ma la gioia dei poveri di essere evangelizzati e diventare costruttori della nuova umanità. Questo è il sollievo, la gioia. La gioia che ci dà Gesù. È unica, è la gioia che Lui stesso ha. È un messaggio per tutti noi, per tutti gli uomini di buona volontà, che Gesù rivolge ancora al mondo, che invece esalta chi si fa ricco e potente. Quante volte diciamo: «Ah, vorrei essere come quello, come quella, che è ricco, ha tanto potere, non gli manca nulla!» Il mondo esalta il ricco e potente, non importa con quali mezzi, e a volte calpesta la dignità della persona umana. Li vediamo tutti i giorni, i poveri calpestati. Ed è anche un messaggio per la Chiesa, chiamata a vivere le opere di misericordia e a evangelizzare i poveri, a essere mite, umile. Così il Signore vuole che sia la sua Chiesa, cioè noi.

Solo l'amore risana la vita

Sorella, fratello, sei qui, lascia che Gesù guardi e guarisca il tuo cuore. Anch'io devo fare questo: lasciare che Gesù guardi il mio cuore e lo guarisca. E se hai già provato il suo sguardo tenero su di te, imitalo, e fai come Lui. Guardati attorno: vedrai che tante persone che ti vivono accanto si sentono ferite e sole, hanno bisogno di sentirsi amate. Fai il passo. Gesù ti chiede uno sguardo che non si fermi all'esteriorità, ma vada al cuore; uno sguardo non giudicante – smettiamo di giudicare gli altri – ma accogliente. Apriamo il nostro cuore per accogliere gli altri. Perché l'amore, solo l'amore, risana la vita.

Dio si impegna con te, e tu?

Vorrei soffermarmi brevemente a riflettere sul tema dell'impegno. Che cos'è un impegno? E cosa significa impegnarsi? Quando mi impegno, vuol dire che assumo una responsabilità, un compito verso qualcuno. L'impegno riguarda anche lo stile, l'atteggiamento di fedeltà e di dedizione, di attenzione particolare con cui porto avanti questo compito. Ogni giorno ci viene chiesto di mettere impegno nelle cose che facciamo: nella preghiera, nel lavoro, nello studio, ma anche nello sport, nelle attività di svago... Impegnarsi, insomma, vuol dire mettere la nostra buona volontà e le nostre forze per migliorare la vita.

Anche Dio si è impegnato con noi. E come si è manifestato questo impegno di Dio per noi? È molto semplice verificarlo nel Vangelo. In Gesù, Dio si è impegnato in maniera completa per restituire speranza ai poveri, a quanti erano privi di dignità, agli stranieri, agli ammalati, ai prigionieri, e ai peccatori che accoglieva con bontà. In tutto questo, Gesù era espressione vivente della misericordia del Padre. È questo l'impegno di Dio e per questo ha mandato Gesù: per avvicinarsi a noi, a tutti noi e aprire la porta del suo amore, del suo cuore, della sua misericordia. E questo è molto bello. Molto bello!

A partire dall'amore misericordioso con il quale Gesù ha espresso l'impegno di Dio, anche noi possiamo e dobbiamo corrispondere al suo amore con il nostro impegno. Soprattutto nelle situazioni di maggiore bisogno, dove c'è più sete di speranza. Penso – per esempio – al nostro impegno con le persone abbandonate, con quanti portano handicap molto pesanti, con i malati più gravi, con i moribondi, con quanti non sono in grado di esprimere riconoscenza... In tutte queste realtà noi portiamo la misericordia di Dio attraverso un impegno di vita, che è testimonianza della nostra fede in Cristo. Dobbiamo sempre portare quella carezza di Dio – perché Dio ci ha accarezzati con la sua misericordia – portarla agli altri, a quelli che hanno bisogno, a quelli che hanno una sofferenza nel cuore o sono tristi: avvicinarsi con quella carezza di Dio, che è la stessa che Lui ha dato a noi.

Siate santi, ovunque vivete!

Per essere santi non è necessario essere vescovi, sacerdoti, religiose o religiosi. Molte volte abbiamo la tentazione di pensare che la santità sia riservata a coloro che hanno la possibilità di mantenere le distanze dalle occupazioni ordinarie, per dedicare molto tempo alla preghiera. Non è così. Tutti siamo chiamati a essere santi vivendo con amore e offrendo ciascuno la propria testimonianza nelle occupazioni di ogni giorno, lì dove si trova. Sei una consacrata o un consacrato? Sii santo vivendo con gioia la tua vocazione. Sei sposato? Sii santo amando e prendendoti cura di tuo marito o di tua moglie, come Cristo ha fatto con la Chiesa. Sei un lavoratore? Sii santo compiendo con onestà e competenza il tuo lavoro al servizio dei fratelli. Sei genitore o nonna o nonno? Sii santo insegnando con pazienza ai bambini a seguire Gesù. Hai autorità? Sii santo lottando a favore del bene comune e rinunciando ai tuoi interessi personali.

Non basta dire: «Che Dio ti aiuti»

Alla fine della giornata, Gesù invita i discepoli a sfamare essi stessi la moltitudine. Da dove nasce questo invito? Nasce da due elementi: anzitutto dal fatto che la folla, avendo seguito Gesù, si trova all'aperto, lontano dai luoghi abitati, mentre si fa sera, e poi dalla preoccupazione dei discepoli che chiedono a Gesù di congedarla affinché le persone possano andare a cercare cibo e alloggio nei paesi vicini (cfr *Lc* 9,12). Di fronte alla necessità della folla, ecco la soluzione dei discepoli: congedare tutti e ognuno pensi a se stesso! Ognuno pensi a se stesso! Quante volte noi cristiani abbiamo questa tentazione! Non ci facciamo carico delle necessità degli altri e li congediamo con un pietoso: «Che Dio ti aiuti», o con un non tanto pietoso: «Buona fortuna», e se non ti vedo più... Ma la soluzione di Gesù va in un'altra direzione, una direzione che sorprende i discepoli: «Voi stessi date loro da mangiare». Ma come è possibile che siamo noi a dare da mangiare a una moltitudine? «Non abbiamo che cinque pani e due pesci, a meno che non andiamo noi a comprare viveri per tutta questa gente» (*Lc* 9,13). Ma Gesù non si scoraggia: chiede ai discepoli di far sedere la gente in gruppi di cinquanta persone, alza gli occhi al cielo, recita la benedizione, spezza i pani e li dà ai discepoli perché li distribuiscano (cfr *Lc* 9,16). È un momento di profonda comunione: la folla, dissetata dalla parola del Signore, è ora nutrita dal suo pane di vita. E tutti ne sono saziati.

La vita non si fa a pennellate di vernice

Abbiamo bisogno di uomini e donne veri, non di persone che fanno finta di essere uomini e donne. Uomini e donne veri, che denunciano il malaffare e lo sfruttamento. Non abbiate paura di denunciare, di gridare! Abbiamo bisogno di uomini e donne che vivono relazioni libere e liberanti, che amano i più deboli e si appassionano di legalità, specchio di onestà interiore. Abbiamo bisogno di uomini e donne che fanno quel che dicono e che dicano no al gattopardismo dilagante. Devo fare quello che voglio portare avanti, e non dare una pennellata di vernice e avanti così. No. La vita non si fa a pennellate di vernice; la vita si fa nell'impegno, nella lotta, nella denuncia, nella discussione, nel mettere in gioco la propria vita per un ideale, nei sogni…

Un bravo cristiano

Ieri è venuto a messa a Santa Marta un brav'uomo, un imprenditore. Quell'uomo deve chiudere la sua fabbrica perché non ce la fa e piangeva dicendo: «Io non me la sento di lasciare senza lavoro più di cinquanta famiglie. Io potrei dichiarare il fallimento dell'impresa: me ne vado a casa con i miei soldi, ma il mio cuore piangerà tutta la vita per queste famiglie». Ecco un bravo cristiano che prega con le opere: è venuto a messa a pregare perché il Signore gli dia una via di uscita, non solo per lui, ma per loro. Questo è un uomo che sa pregare, col cuore e con i fatti, sa pregare per il prossimo. È in una situazione difficile. E non cerca la via di uscita più facile: «Che si arrangino loro». Questo è un cristiano. Mi ha fatto talmente bene sentirlo! E magari ce ne sono tanti così, oggi, in questo momento in cui molta gente soffre per la mancanza di lavoro.

Immunizzarci dalla tristezza

Con Gesù possiamo *immunizzarci dalla tristezza*. Avremo sempre davanti agli occhi le nostre cadute, le fatiche, i problemi a casa e al lavoro, i sogni non realizzati. Ma il loro peso non ci schiaccerà perché, più in profondità, c'è Gesù che ci incoraggia col suo amore.

Niente amori che ingannano!

Amare *come* ama Gesù significa mettersi al servizio, al servizio dei fratelli, così come ha fatto Lui nel lavare i piedi ai discepoli. Significa anche uscire da sé, distaccarsi dalle proprie sicurezze umane, dalle comodità mondane, per aprirsi agli altri, specialmente a chi ha più bisogno. Significa mettersi a disposizione, con ciò che siamo e ciò che abbiamo. Questo vuol dire amare non a parole ma con i fatti.

Amare come Cristo significa dire di no ad altri "amori" che il mondo ci propone: amore per il denaro – chi ama il denaro non ama come ama Gesù –, amore per il successo, per la vanità, per il potere... Queste strade di "amore" ingannevole ci allontanano dall'amore del Signore e ci portano a diventare sempre più egoisti, narcisisti, prepotenti. E la prepotenza conduce a una degenerazione dell'amore, ad abusare degli altri, a far soffrire la persona amata. Penso all'amore malato che si trasforma in violenza – e quante donne sono vittime oggigiorno di violenze. Questo non è amore. Amare come ci ama il Signore vuol dire apprezzare la persona che ci sta accanto, rispettare la sua libertà, amarla così com'è, non come noi vogliamo che sia; come è, gratuitamente. In definitiva, Gesù ci chiede di rimanere nel suo amore, abitare nel suo amore, non nelle nostre idee, non nel culto di noi stessi. Chi abita nel culto di se stesso, abita nello specchio: sempre a guardarsi. Ci chiede di uscire dalla pretesa di controllare e gestire gli altri, per servirli. Aprire il cuore e donarci, questo è amore.

Immergetevi nella vita

Non lasciate che altri siano protagonisti del cambiamento! Voi siete quelli che hanno il futuro! Voi... Attraverso di voi entra il futuro nel mondo. A voi chiedo anche di essere protagonisti di questo cambiamento. Continuate a superare l'apatia, offrendo una risposta cristiana alle inquietudini sociali e politiche, che si stanno presentando in varie parti. Vi chiedo di essere costruttori, di mettervi al lavoro per un mondo migliore. Per favore, non guardate dal balcone la vita. Gesù non è rimasto al balcone, si è immerso nella vita. Immergetevi anche voi in essa, come ha fatto Gesù.

X

MAI PIÙ DA SOLI

Il dialogo tiene insieme il mondo

Avvicinarsi, esprimersi, ascoltarsi, guardarsi, conoscersi, provare a comprendersi, cercare punti di contatto, tutto questo si riassume nel verbo "dialogare". Per incontrarci e aiutarci a vicenda abbiamo bisogno di dialogare. Non c'è bisogno di spiegare a che cosa serve. Mi basta pensare a che cosa sarebbe il mondo senza il dialogo paziente di tante persone generose che hanno tenuto unite famiglie e comunità. Il dialogo perseverante e coraggioso non fa notizia come gli scontri e i conflitti, eppure aiuta discretamente il mondo a vivere meglio, molto più di quanto possiamo rendercene conto.

Un mondo collegato... dove siamo tutti distanti

Oggi sembra tutto collegato, ma in realtà ci sentiamo troppo isolati, distanti. Vorrei che ognuno di voi pensasse alla solitudine che ha nel cuore: quante volte vi trovate soli con quella tristezza, con quella solitudine? Questo è il termometro che vi indica che la temperatura dell'accoglienza, dello sporcarsi le mani, del servire gli altri è troppo bassa. La tristezza è indice della mancanza di impegno, e senza impegno voi non potrete mai essere *costruttori di futuro!* Invece voi *dovete* essere costruttori di futuro, il futuro è nelle vostre mani! Non potete prendere il telefonino e chiamare una ditta che ve lo costruisca. Il futuro devi farlo tu, con il tuo cuore, con il tuo amore, con le tue passioni, con i tuoi sogni. Con gli altri. Al servizio degli altri. Pensa bene a questo: il futuro è nelle *tue* mani.

Il coraggio di condividere il dolore altrui

La compassione non è un sentimento puramente materiale; la vera compassione è *patire con* qualcuno, prendere su di noi i dolori altrui. Forse ci farà bene domandarci: io ho compassione? Quando leggo notizie di guerre, di carestie, di pandemie, ho compassione di coloro che ne soffrono le conseguenze? Ho compassione della gente che è vicina a me? Sono capace di patire con loro, oppure guardo da un'altra parte, o dico "che si arrangino"? Non dimenticare questa parola "compassione", che è fiducia nell'amore provvidente del Padre e significa coraggiosa condivisione.

Carestie d'amore

La vostra vocazione sarà sicuramente essere uomini e donne di incontro. Il mondo di oggi è un mondo di scontri e di guerre, la gente non si capisce. La vostra vocazione sarà di incontrare e fare incontrare, di favorire gli incontri. La fede si fonda sull'incontro, un incontro con Dio. Dio non ci ha lasciati soli, è sceso *Lui* a incontrarci. *Lui* ci viene incontro, *Lui* ci precede per incontrarci. E nell'incontro fra noi, quanto conta la dignità degli altri? Dio vuole che noi ci salviamo insieme, non da soli, che siamo felici insieme, non egoisticamente da soli, che ci salviamo come popolo. L'integrazione, l'accoglienza, la solidarietà, il rispetto della dignità degli altri, per noi non sono buoni propositi per gente educata, ma i tratti distintivi di un cristiano. Un cristiano che non è solidale, non è cristiano. Quello che oggi manca, di cui c'è carestia, è l'amore: non l'amore sentimentale, delle telenovele, ma quello concreto, l'amore del Vangelo. E io chiedo a ognuno di voi: come va il tuo amore? Com'è il termometro del tuo amore?

Estasi e comunione

Quando un incontro con Dio si chiama "estasi", è perché ci tira fuori da noi stessi e ci eleva, catturati dall'amore e dalla bellezza di Dio. Ma possiamo anche essere fatti uscire da noi stessi per riconoscere la bellezza nascosta in ogni essere umano, la sua dignità, la sua grandezza come immagine di Dio e figlio del Padre. Per questo è sempre meglio vivere la fede insieme ed esprimere il nostro amore in una vita comunitaria, condividendo con altri giovani il nostro affetto, il nostro tempo, la nostra fede e le nostre inquietudini.

Quando un mattone vale più di un uomo

Ricordo un racconto medievale in cui si narra della costruzione di una torre. Gli operai erano tutti schiavi, e quando uno di loro cadeva e moriva nessuno diceva nulla. Al massimo il commento era: «Poveretto, ha sbagliato ed è caduto». Se invece cadeva un mattone, tutti si lamentavano. E il colpevole veniva punito! Perché? Perché un mattone era costoso da fare, da preparare, da cuocere. C'era bisogno di tempo e di lavoro per farlo. Un mattone valeva di più della vita umana. Ognuno di noi pensi all'oggi. Purtroppo anche oggi può succedere qualcosa del genere. Cade qualche quota del mercato finanziario e la notizia è su tutti i giornali. Cadono migliaia di persone a causa della fame, della miseria, e nessuno ne parla.

Non basta non fare del male...

Noi, a volte, pensiamo che essere cristiani significhi non fare del male. Non fare del male va bene. Ma non fare del bene, non va bene. Noi dobbiamo fare del bene, uscire da noi stessi e guardare, guardare coloro che hanno più bisogno. C'è tanta fame, anche nel cuore delle nostre città. Invece tante volte noi entriamo in quella logica dell'indifferenza, per cui il povero è lì, ma noi guardiamo da un'altra parte. Tendi la tua mano al povero: è Cristo. Qualcuno dice: «Ma questi preti, questi vescovi che parlano dei poveri, dei poveri... Noi vogliamo che ci parlino della vita eterna!» Guarda, fratello e sorella, i poveri sono al centro del Vangelo: è Gesù che ci ha insegnato a parlare ai poveri, è Gesù che è venuto per i poveri. Tendi la tua mano al povero. Tu hai ricevuto tante cose, e lasci che tuo fratello, tua sorella muoiano di fame?

Cari fratelli e sorelle, ognuno ripeta nel proprio cuore l'insegnamento di Gesù: «Tendi la tua mano al povero». E ci dice un'altra cosa, Gesù. Ci dice: «Sai, il povero sono io».

Ogni giorno un'occasione

Ogni giorno ci viene offerta una nuova opportunità, una nuova tappa. Non dobbiamo aspettare tutto da coloro che ci governano, sarebbe infantile. Godiamo di uno spazio di corresponsabilità capace di avviare e generare nuovi processi e trasformazioni. Dobbiamo essere parte attiva nella riabilitazione e nel sostegno delle società ferite. Oggi siamo di fronte alla grande occasione di esprimere il nostro essere fratelli, di essere altri buoni samaritani che prendono su di sé il dolore dei fallimenti, invece di fomentare odi e risentimenti. Ci vuole solo il desiderio gratuito, puro e semplice di essere popolo, di essere costanti e instancabili nell'impegno di includere, di integrare, di risollevare chi è caduto; anche se tante volte ci troviamo immersi e condannati a ripetere la logica dei violenti, di quanti nutrono ambizioni solo per se stessi e diffondono la confusione e la menzogna. Che altri continuino a pensare alla politica o all'economia per i loro giochi di potere. Alimentiamo ciò che è buono e mettiamoci al servizio del bene.

È possibile cominciare dal basso e, caso per caso, lottare per ciò che è più concreto e locale, fino all'ultimo angolo della patria e del mondo, con la stessa cura che il viandante di Samaria ebbe per ogni piaga dell'uomo ferito. Cerchiamo gli altri e facciamoci carico della realtà che ci spetta, senza temere il dolore o l'impotenza, perché lì c'è tutto il bene che Dio ha seminato nel cuore dell'essere umano. Le difficoltà che sembrano enormi sono l'opportunità per crescere, e non la scusa per la tristezza inerte che favorisce la sottomissione. Però non facciamolo da soli, individualmente.

Asciuga le lacrime dei tuoi fratelli

«Consolate, consolate il mio popolo» (*Is* 40,1) sono le parole accorate che il profeta fa sentire ancora oggi, perché possa giungere a quanti sono nella sofferenza e nel dolore una parola di speranza. Non lasciamoci mai rubare la speranza che proviene dalla fede nel Signore risorto. È vero, spesso siamo messi a dura prova, ma non deve mai venire meno la certezza che il Signore ci ama. La sua misericordia si esprime anche nella vicinanza, nell'affetto e nel sostegno che tanti fratelli e sorelle possono offrire quando sopraggiungono i giorni della tristezza e dell'afflizione. Asciugare le lacrime è un'azione concreta che spezza il cerchio di solitudine in cui spesso veniamo rinchiusi.

Se avverti il buio della solitudine

Sorella, fratello, se avverti il buio della solitudine, se porti dentro un macigno che soffoca la speranza, se hai nel cuore una ferita che brucia, se non trovi la via d'uscita, apriti allo Spirito. Egli, scriveva san Bonaventura, «dove c'è maggiore tribolazione porta maggiore consolazione, non come fa il mondo che nella prosperità consola e adula ma nell'avversità deride e condanna» (*Sermone fra l'ottava dell'Ascensione*). Così fa il mondo, così fa soprattutto lo spirito nemico, il diavolo: prima ci lusinga e ci fa sentire invincibili – le lusinghe del diavolo che fanno crescere la vanità –, poi ci butta a terra e ci fa sentire sbagliati: gioca con noi. Fa di tutto per buttarci giù, mentre lo Spirito del Risorto vuole risollevarci. Guardiamo agli Apostoli: erano soli quella mattina, erano soli e smarriti, stavano a porte chiuse per la paura, vivevano nel timore e davanti agli occhi avevano tutte le loro fragilità e i loro fallimenti, i loro peccati: avevano rinnegato Gesù Cristo. Gli anni passati con Gesù non li avevano cambiati, continuavano a essere gli stessi. Poi ricevono lo Spirito e tutto cambia: i problemi e i difetti rimangono sempre quelli, eppure non li temono più perché non temono nemmeno chi vuol fare loro del male. Si sentono consolati dentro e vogliono riversare fuori la consolazione di Dio. Prima impauriti, ora hanno paura solo di non testimoniare l'amore ricevuto.

Abbiamo bisogno di tutti

Occorre sentire nuovamente che abbiamo bisogno gli uni degli altri, che abbiamo una responsabilità verso gli altri e verso il mondo, che vale la pena di essere buoni e onesti. Già troppo a lungo siamo stati nel degrado morale, prendendoci gioco dell'etica, della bontà, della fede, dell'onestà, ed è arrivato il momento di riconoscere che questa allegra superficialità ci è servita a poco. Tale distruzione di ogni fondamento della vita sociale finisce col metterci l'uno contro l'altro per difendere i propri interessi, provoca il sorgere di nuove forme di violenza e crudeltà e impedisce lo sviluppo di una vera cultura della cura dell'ambiente.

L'esempio di santa Teresa di Lisieux ci invita alla pratica della piccola via dell'amore, a non perdere l'opportunità di una parola gentile, di un sorriso, di qualsiasi piccolo gesto che semini pace e amicizia. Un'ecologia integrale è fatta anche di semplici gesti quotidiani nei quali spezziamo la logica della violenza, dello sfruttamento, dell'egoismo. Viceversa, il mondo del consumo esasperato è al tempo stesso il mondo del maltrattamento della vita in ogni sua forma.

Fraternità e amicizia sociale

C'è un episodio della vita di san Francesco che ci mostra il suo cuore senza confini, capace di andare al di là delle distanze dovute all'origine, alla nazionalità, al colore o alla religione. È la sua visita al sultano Malik-al-Kamil in Egitto, visita che comportò per lui un grande sforzo a motivo della sua povertà, delle poche risorse che possedeva, della lontananza e della differenza di lingua, cultura e religione. Tale viaggio, in quel momento storico segnato dalle crociate, dimostrava ancora di più la grandezza dell'amore che voleva vivere, desideroso di abbracciare tutti. La fedeltà al suo Signore era proporzionale al suo amore per i fratelli e le sorelle. Senza ignorare le difficoltà e i pericoli, san Francesco andò a incontrare il sultano col medesimo atteggiamento che esigeva dai suoi discepoli: che, senza negare la propria identità, trovandosi «tra i saraceni o altri infedeli, non facciano liti o dispute, ma siano soggetti a ogni creatura umana per amore di Dio» (*Regola non bollata*). In quel contesto era una richiesta straordinaria. Ci colpisce come, ottocento anni fa, Francesco raccomandasse di evitare ogni forma di aggressione o contesa e anche di vivere un'umile e fraterna "sottomissione", pure nei confronti di coloro che non condividevano la loro fede.

Egli non faceva la guerra dialettica imponendo dottrine, ma comunicava l'amore di Dio. Aveva compreso che «Dio è amore; chi rimane nell'amore rimane in Dio e Dio rimane in lui» (*1 Gv* 4,16). In questo modo è stato un padre fecondo che ha suscitato il sogno di una società fraterna, perché solo l'uomo che accetta di avvicinarsi alle altre persone nel loro stesso movimento, non per trattenerle nel proprio, ma per aiutarle a essere maggiormente se stesse, si fa realmente padre. In quel mondo pieno di torri di guardia e di mura difensive, le città vivevano guerre sanguinose tra famiglie potenti, mentre crescevano le zone miserabili delle periferie escluse. Là Francesco ricevette dentro di sé la vera pace, si liberò da ogni desiderio di dominio sugli altri, si fece uno degli ultimi e cercò di vivere in armonia con tutti.

Dovunque tu sia, fai pace!

Tutti noi siamo chiamati a riaccendere nel cuore un impulso di speranza, che deve tradursi in concrete opere di pace. Non vai d'accordo con questa persona? Fai la pace. A casa tua? Fai la pace. Nella tua comunità? Fai la pace. Nel tuo lavoro? Fai la pace. Opere di pace, di riconciliazione e di fraternità. Ognuno di noi deve compiere gesti di fraternità nei confronti del prossimo, specialmente di coloro che sono provati da tensioni familiari o da dissidi di vario genere. Questi piccoli gesti hanno tanto valore: possono essere semi che danno speranza, possono aprire strade e prospettive di pace.

Una nuova alleanza, tra giovani e anziani

Oggi c'è bisogno di una nuova alleanza tra giovani e anziani, c'è bisogno di condividere il tesoro comune della vita, di sognare insieme, di superare i conflitti tra generazioni per preparare il futuro di tutti. Senza questa alleanza di vita, di sogni, di futuro, rischiamo di morire di fame, perché aumentano i legami spezzati, le solitudini, gli egoismi, le forze disgregatrici.

Spesso, nelle nostre società abbiamo consegnato la vita all'idea che "ognuno pensa per sé". Ma questo uccide! Il Vangelo ci esorta a condividere ciò che siamo e ciò che abbiamo: solo così possiamo essere saziati. Tante volte ho ricordato ciò che dice in proposito il profeta Gioele (cfr *Gl* 3,1): giovani e anziani insieme. I giovani, profeti del futuro che non dimenticano la storia da cui provengono; gli anziani, sognatori mai stanchi che trasmettono esperienza ai giovani, senza sbarrare loro la strada.

Giovani e anziani, il tesoro della tradizione e la freschezza dello Spirito. Giovani e anziani insieme. Nella società e nella Chiesa: insieme.

Dialogo e identità

Non c'è apertura tra popoli se non a partire dall'amore per la terra, per il popolo, per i propri tratti culturali. Non mi incontro con l'altro se non possiedo un substrato nel quale sto saldo e radicato, perché su quella base posso accogliere il dono dell'altro e offrirgli qualcosa di autentico. È possibile accogliere chi è diverso e riconoscere il suo apporto originale solo se sono saldamente attaccato al mio popolo e alla sua cultura. Ciascuno ama e cura con speciale responsabilità la propria terra e si preoccupa per il proprio Paese, così come ciascuno deve amare e curare la propria casa perché non crolli.

In realtà, una sana apertura non si pone mai in contrasto con l'identità. Infatti, arricchendosi con elementi di diversa provenienza, una cultura viva non ne realizza una copia o una mera ripetizione, bensì integra le novità secondo modalità proprie. Questo provoca la nascita di una nuova sintesi che alla fine va a beneficio di tutti, poiché la cultura in cui tali apporti prendono origine risulta poi a sua volta alimentata.

Mura da evitare

Ci sono narcisismi localistici che non esprimono un sano amore per il proprio popolo e la propria cultura. Nascondono uno spirito chiuso che, per una certa insicurezza e un certo timore verso l'altro, preferisce creare mura difensive per preservare se stesso. Ma non è possibile essere locali in maniera sana senza una sincera e cordiale apertura all'universale, senza lasciarsi interpellare da ciò che succede altrove, senza lasciarsi arricchire da altre culture e senza solidarizzare con i drammi degli altri popoli. Tale localismo si rinchiude ossessivamente tra poche idee, usanze e sicurezze, incapace di ammirazione davanti alle molteplici possibilità e bellezze che il mondo intero offre e privo di una solidarietà autentica e generosa. Così, la vita locale non è più veramente recettiva, non si lascia più completare dall'altro; pertanto, si limita nelle proprie possibilità di sviluppo, diventa statica e si ammala. Perché, in realtà, ogni cultura sana è per natura aperta e accogliente.

Costruiamo una cultura del "prendersi cura"

La pace si può costruire se cominceremo a essere in pace con noi stessi – in pace dentro, nel cuore – e con chi ci sta vicino, togliendo gli ostacoli che impediscono di prenderci cura di quanti si trovano nel bisogno e nell'indigenza. Si tratta di sviluppare una mentalità e una cultura del "prendersi cura", al fine di sconfiggere l'indifferenza, di sconfiggere lo scarto e la rivalità, che purtroppo prevalgono. Bisogna eliminare questi atteggiamenti. E così la pace non è solo assenza di guerra. La pace non è mai asettica, non esiste la pace del *quirofano*, che in spagnolo significa sala operatoria. No, la pace è nella vita: non è solo assenza di guerra, ma è vita ricca di senso, impostata e vissuta nella realizzazione personale e nella condivisione fraterna con gli altri. Allora quella pace tanto sospirata e sempre messa in pericolo dalla violenza, dall'egoismo e dalla malvagità, quella pace messa in pericolo diventa possibile e realizzabile se io la prendo come compito datomi da Dio.

Ma le sole forze umane non bastano, perché la pace è anzitutto dono, un dono di Dio; va implorata con incessante preghiera, sostenuta con un dialogo paziente e rispettoso, costruita con una collaborazione aperta alla verità e alla giustizia e sempre attenta alle legittime aspirazioni delle persone e dei popoli. Il mio auspicio è che regni la pace nel cuore degli uomini e nelle famiglie; nei luoghi di lavoro e di svago, nelle comunità e nelle nazioni. Nelle famiglie, nel lavoro, nelle nazioni: pace, pace.

Un meraviglioso pellegrinaggio comune

Quando il cuore è veramente aperto a una comunione universale, niente e nessuno è escluso da tale fraternità. Di conseguenza, è vero anche che l'indifferenza o la crudeltà verso le altre creature di questo mondo finiscono sempre per trasferirsi in qualche modo al trattamento che riserviamo agli altri esseri umani. Il cuore è uno solo e la stessa miseria che porta a maltrattare un animale non tarda a manifestarsi nella relazione con le altre persone. Ogni maltrattamento verso qualsiasi creatura è contrario alla dignità umana. Non possiamo considerarci persone che amano veramente se escludiamo dai nostri interessi una parte della realtà. Tutto è in relazione, e tutti noi esseri umani siamo uniti come fratelli e sorelle in un meraviglioso pellegrinaggio, legati dall'amore che Dio ha per ciascuna delle sue creature e che ci unisce anche tra noi, con tenero affetto, al fratello sole, alla sorella luna, al fratello fiume e alla madre terra.

XI

CONTROCORRENTE

Contro la mentalità dell'"usa e getta"

Non ci sono solo i dubbi e i perché a insidiare le grandi scelte generose, ci sono tanti altri ostacoli, tutti i giorni. C'è la febbre dei consumi, che narcotizza il cuore con cose superflue. C'è l'ossessione del divertimento, che sembra l'unica via per evadere dai problemi e invece è solo un rimandare il problema. C'è il fissarsi sui propri diritti da reclamare, dimenticando il dovere di aiutare. E poi c'è la grande illusione sull'amore, che sembra qualcosa da vivere a colpi di emozioni, mentre amare è soprattutto dono, scelta e sacrificio. Scegliere, soprattutto oggi, è non farsi addomesticare dall'omologazione, è non lasciarsi anestetizzare dai meccanismi dei consumi che disattivano l'originalità, è saper rinunciare alle apparenze e all'apparire. Scegliere la vita è lottare contro la mentalità dell'"usa e getta" e del "tutto e subito", per pilotare l'esistenza verso il traguardo del Cielo, verso i sogni di Dio.

Luce artificiale e luce di pace

La luce che ci offre il mondo è una luce artificiale. Forte come un fuoco di artificio, come il flash di una macchina fotografica. Più forte, forse, di quella di Gesù che, invece è una luce mite, una luce tranquilla. È come la luce della notte di Natale: senza pretese, si offre e dà pace. La luce di Gesù non fa spettacolo, è una luce che viene nel cuore. È vero che il diavolo, e questo lo dice san Paolo, tante volte viene travestito da angelo di luce. A lui piace imitare la luce di Gesù. Si fa buono e ci parla così, tranquillamente, come ha parlato a Gesù durante il digiuno nel deserto: «Se tu sei il figlio di Dio fa' questo miracolo, buttati giù dal tempio». E lo dice in maniera tranquilla, e perciò ingannevole.

Per questo raccomando di chiedere al Signore la saggezza del discernimento per riconoscere quando è Gesù che ci dà la luce e quando invece è proprio il demonio travestito da angelo. Quanti credono di vivere nella luce, ma sono nelle tenebre e non se ne accorgono! Chiediamo dunque al Signore che ci dia oggi la grazia della sua luce e ci insegni a distinguere la sua luce da quella artificiale, fatta dal nemico per ingannarci.

Vedo quel che guardo?

Il mio sguardo, com'è? Guardo con occhi attenti, oppure come quando sfoglio velocemente le migliaia di foto nel mio cellulare o i profili social? Quante volte oggi ci capita di essere testimoni oculari di tanti eventi, senza però mai viverli in presa diretta! A volte la nostra prima reazione è di riprendere la scena col telefonino, magari tralasciando di guardare negli occhi le persone coinvolte.

Intorno a noi, ma a volte anche dentro di noi, incontriamo realtà di morte: fisica, spirituale, emotiva, sociale. Ce ne accorgiamo o semplicemente ne subiamo le conseguenze? C'è qualcosa che possiamo fare per riportare vita?

Contro gli smidollati

Non vogliamo giovani smidollati, giovani del "fin qui e non di più", del né sì né no. Non vogliamo giovani che si stancano subito e vivono stanchi, con la faccia annoiata. Vogliamo giovani forti. Vogliamo giovani con speranza e con fortezza. Perché? Perché conoscono Gesù, perché conoscono Dio. Perché hanno un cuore libero. Però per questo ci vuole sacrificio, bisogna andare controcorrente. Le Beatitudini sono il progetto di Gesù per noi. Ed è un progetto controcorrente. Gesù dice: «Beati i poveri in spirito», non: «Beati i ricchi, quelli che accumulano soldi». No. I poveri in spirito, quelli che sono capaci di avvicinarsi e comprendere chi è un povero. Gesù non dice: «Beati quelli che se la passano bene», ma dice: «Beati quelli che hanno la capacità di affliggersi per il dolore degli altri».

Contro gli arroganti

Nella terza beatitudine Gesù afferma: «Beati i miti, perché avranno in eredità la terra» (*Mt* 5,5). Fratelli e sorelle, la mitezza! La mitezza è caratteristica di Gesù, che dice di sé: «Imparate da me che sono mite e umile di cuore» (*Mt* 11,29). Miti sono coloro che sanno dominare se stessi, che lasciano spazio all'altro, lo ascoltano e lo rispettano nel suo modo di vivere, nei suoi bisogni e nelle sue richieste. Non intendono sopraffarlo né sminuirlo, non vogliono sovrastare e dominare su tutto, né imporre le proprie idee e i propri interessi a danno degli altri. Queste persone, che la mentalità mondana non apprezza, sono invece preziose agli occhi di Dio, il quale dà loro in eredità la terra promessa, cioè la vita eterna. Anche questa beatitudine comincia quaggiù e si compirà in Cielo, in Cristo. La mitezza. In questo momento della storia in cui c'è tanta aggressività, anche nella vita di ogni giorno, in cui la prima cosa che esce da noi è l'aggressione, la difesa, abbiamo bisogno di mitezza per andare avanti nel cammino della santità. Ascoltare, rispettare, non aggredire: mitezza.

Cari fratelli e sorelle, scegliere la purezza, la mitezza e la misericordia; scegliere di affidarsi al Signore nella povertà di spirito e nell'afflizione; impegnarsi per la giustizia e per la pace, tutto questo significa andare controcorrente rispetto alla mentalità di questo mondo, rispetto alla cultura del possesso, del divertimento senza senso, dell'arroganza verso i più deboli.

Per la giustizia, contro le ingiustizie

«Beati quelli che hanno fame e sete della giustizia» è affermazione rivolta a quanti lottano per la giustizia, perché ci sia giustizia nel mondo. Gesù dice: «Sono beati quelli che lottano contro le ingiustizie». Vediamo proprio che è una dottrina controcorrente rispetto a quello che il mondo ci dice.

Contro la mondanità

Le Beatitudini di Gesù sono portatrici di una novità rivoluzionaria, di un modello di felicità opposto a quello che di solito viene comunicato dai *media*, dal pensiero dominante. Per la mentalità mondana, è uno scandalo che Dio sia venuto a farsi uno di noi, che sia morto su una croce! Nella logica di questo mondo, coloro che Gesù proclama beati sono considerati "perdenti", deboli. Sono esaltati invece il successo a ogni costo, il benessere, l'arroganza del potere, l'affermazione di sé a scapito degli altri.

Vita sobria

Le ricchezze non ti assicurano nulla. Anzi, quando il cuore si sente ricco, è talmente soddisfatto di se stesso che non ha spazio per la Parola di Dio, per amare i fratelli, né per godere delle cose più importanti della vita. Così si priva dei beni più grandi. Per questo Gesù chiama beati i poveri in spirito, che hanno il cuore povero, in cui può entrare il Signore con la sua costante novità.

Questa povertà di spirito è molto legata con quella "santa indifferenza" che proponeva sant'Ignazio di Loyola, nella quale raggiungiamo una bella libertà interiore: «Per questa ragione è necessario renderci indifferenti verso tutte le cose create (in tutto quello che è permesso alla libertà del nostro libero arbitrio e non le è proibito), in modo da non desiderare da parte nostra più la salute che la malattia, più la ricchezza che la povertà, più l'onore che il disonore, più la vita lunga piuttosto che quella breve, e così in tutto il resto».

Luca non parla di una povertà "di spirito" ma di essere «poveri» e basta (cfr *Lc* 6,20), e così ci invita anche a un'esistenza austera e spoglia. In questo modo, ci chiama a condividere la vita dei più bisognosi, la vita che hanno condotto gli Apostoli e in definitiva a conformarci a Gesù, che «da ricco che era, si è fatto povero» (*2 Cor* 8,9).

Essere poveri nel cuore, questo è santità.

Con la condivisione Gesù compie miracoli

Gesù non crea i pani e i pesci dal nulla, no, ma opera a partire da quello che gli portano i discepoli. Uno di loro dice: «C'è qui un ragazzo che ha cinque pani d'orzo e due pesci; ma che cos'è questo per tanta gente?» (*Gv* 6,9). È poco, è niente, ma a Gesù basta.

Proviamo ora a metterci al posto di quel ragazzo. I discepoli gli chiedono di condividere tutto quello che ha da mangiare. Sembra una proposta insensata, anzi, ingiusta. Perché privare una persona, per lo più un ragazzo, di quello che si è portato da casa e ha il diritto di tenere per sé? Perché togliere a uno ciò che comunque non basta a sfamare tutti? Umanamente è illogico. Ma per Dio no. Anzi, proprio grazie a quel piccolo dono gratuito, e perciò eroico, Gesù può sfamare tutti. È un grande insegnamento per noi. Ci dice che il Signore può fare molto con il poco che gli mettiamo a disposizione. Sarebbe bello chiederci ogni giorno: «Oggi che cosa porto a Gesù?» Lui può fare molto con una nostra preghiera, con un nostro gesto di carità per gli altri, persino con una nostra miseria consegnata alla sua misericordia. Diamo le nostre piccolezze a Gesù, e Lui fa dei miracoli. Dio ama agire così: fa cose grandi a partire da quelle piccole, da quelle gratuite. Amiamo aggiungere, ci piacciono le addizioni; a Gesù piacciono le sottrazioni, il togliere qualcosa per darlo agli altri. Noi vogliamo moltiplicare per noi; Gesù apprezza quando dividiamo con gli altri, quando condividiamo. È curioso che nei racconti della moltiplicazione dei pani presenti nei Vangeli non compare mai il verbo "moltiplicare". Anzi, i verbi utilizzati sono di segno opposto: "spezzare", "dare", "distribuire" (cfr *Gv* 9,11; *Mt* 14,19; *Mc* 6,41; *Lc* 9,16). Ma non si usa il verbo "moltiplicare". Il vero miracolo, dice Gesù, non è la moltiplicazione che produce vanto e potere, ma la divisione, la condivisione, che accresce l'amore e permette a Dio di compiere prodigi. Proviamo a condividere di più, proviamo questa strada che Gesù ci insegna.

Anche oggi il moltiplicarsi dei beni non risolve i problemi senza una giusta condivisione. Viene alla mente la tragedia della fame, che riguarda in particolare i più piccoli. È stato calcolato che ogni giorno nel mondo circa settemila bambini sotto i cinque anni muoiono per motivi legati alla malnutrizione, perché non hanno il necessario per vivere. Di fronte a scandali come questi Gesù rivolge anche a noi un invito, un invito simile a quello che probabilmente ricevette il ragazzo del Vangelo, che non ha nome e nel quale possiamo vedere riflessi tutti noi: «Coraggio, dona il poco che hai, i tuoi talenti, e i tuoi beni, mettili a disposizione di Gesù e dei fratelli. Non temere, nulla andrà perso, perché, se condividi, Dio moltiplica. Scaccia la falsa modestia di sentirti inadeguato, fidati. Credi nell'amore, credi nel potere del servizio, credi nella forza della gratuità».

Lascia che pensino che sei sciocco...

Gesù dice: niente guerre, niente odio! Pace, mitezza! Qualcuno potrebbe obiettare: «Se io sono così mite nella vita, penseranno che sono uno stolto». Forse è così, tuttavia lasciamo che gli altri pensino questo: ma tu sii mite, perché con questa mitezza avrai in eredità la terra!

Dio è sempre novità

Dio è sempre novità, che ci spinge continuamente a ripartire e a cambiare posto per andare oltre il conosciuto, verso le periferie e le frontiere. Ci conduce là dove si trova l'umanità più ferita e dove gli esseri umani, al di sotto dell'apparenza della superficialità e del conformismo, continuano a cercare la risposta alla domanda sul senso della vita. Dio non ha paura! Non ha paura! Va sempre al di là dei nostri schemi e non teme le periferie. Egli stesso si è fatto periferia (cfr *Fil* 2,6-8; *Gv* 1,14). Per questo, se oseremo andare nelle periferie, là lo troveremo: Lui sarà già lì. Gesù ci precede nel cuore di quel fratello, nella sua carne ferita, nella sua vita oppressa, nella sua anima ottenebrata. Lui è già lì.

Siate fieri di andare controcorrente!

Che cosa significa "perdere la vita per causa di Gesù"? Questo può avvenire per due ragioni: confessando esplicitamente la fede o difendendo implicitamente la verità. I martiri sono l'esempio massimo del perdere la vita per Cristo. In duemila anni sono una schiera immensa gli uomini e le donne che hanno sacrificato la vita per rimanere fedeli a Gesù Cristo e al suo Vangelo. E anche oggi, in tante parti del mondo, ci sono tanti, tanti, tanti martiri, che danno la propria vita per Cristo, che trovano la morte per non rinnegare Gesù Cristo. Questa è la nostra Chiesa. Oggi abbiamo più martiri che nei primi secoli! Ma c'è anche il martirio quotidiano, che non comporta la morte ma che è anch'esso un "perdere la vita" per Cristo, compiendo il proprio dovere con amore, secondo la logica di Gesù, la logica del dono e del sacrificio. Pensiamo: quanti papà e mamme ogni giorno mettono in pratica la loro fede offrendo concretamente la propria vita per il bene della famiglia! Pensiamo a questi! Quanti sacerdoti, frati, suore svolgono con generosità il loro servizio per il regno di Dio! Quanti giovani rinunciano ai propri interessi per dedicarsi ai bambini, ai disabili, agli anziani... Anche questi sono martiri! Martiri quotidiani, martiri della quotidianità!

E poi ci sono tante persone, cristiani e non cristiani, che "perdono la propria vita" per la verità. Cristo ha detto «io sono la verità», quindi chi serve la verità serve Cristo. Una delle persone che ha dato la vita per la verità è Giovanni il Battista. Giovanni è stato scelto da Dio per preparare la via davanti a Gesù, colui che lo ha indicato al popolo d'Israele come il Messia, l'Agnello di Dio che toglie il peccato del mondo (cfr *Gv* 1,29). Giovanni ha consacrato tutto se stesso a Dio e al suo inviato, Gesù. Ma, alla fine, cosa è successo? È morto per la causa della verità, quando ha denunciato l'adulterio del re Erode e di Erodiade. Quante persone pagano a caro prezzo l'impegno per la verità! Quante persone rette preferiscono andare controcorrente, pur di non rinnegare la voce della coscienza, la voce della verità! Noi non dobbiamo avere paura! A voi giovani dico: Non abbiate paura di andare controcorrente.

Quando ci vogliono rubare la speranza, quando ci propongono valori avariati come cibo andato a male, valori che ci fanno nale, dobbiamo andare controcorrente! Voi giovani, siate i primi: andate controcorrente e fatelo con fierezza. Siate fieri di andare controcorrente!

XII

HAI GLI OCCHI, CONTEMPLA!

Facciamo silenzio

Oggi la natura che ci circonda non viene più ammirata, contemplata, ma "divorata". Siamo diventati voraci, dipendenti dal profitto e dai risultati subito e a tutti i costi. Lo sguardo sulla realtà è sempre più rapido, distratto, superficiale, mentre in poco tempo si bruciano le notizie e le foreste. Malati di consumo. Questa è la nostra malattia! Malati di consumo. Ci si affanna per l'ultima app, ma non si sanno più i nomi dei vicini, tantomeno si sa più distinguere un albero da un altro. E, ciò che è più grave, con questo stile di vita si perdono le radici, si smarrisce la gratitudine per quello che c'è e per chi ce l'ha dato. Per non dimenticare, bisogna tornare a contemplare; per non distrarci in mille cose inutili, occorre ritrovare il silenzio; perché il cuore non diventi infermo, serve fermarsi. Non è facile. Bisogna, ad esempio, liberarsi dalla prigionia del cellulare, per guardare negli occhi chi abbiamo accanto e il creato che ci è stato donato.

Contemplare è regalarsi tempo per fare silenzio, per pregare, così che nell'anima ritorni l'armonia, l'equilibrio sano tra testa, cuore e mani; tra pensiero, sentimento e azione. La contemplazione è l'antidoto alle scelte frettolose, superficiali e inconcludenti. Chi contempla impara a sentire il terreno che lo sostiene, capisce di non essere al mondo solo e senza senso. Scopre la tenerezza dello sguardo di Dio e comprende di essere prezioso. Ognuno è importante agli occhi di Dio, ognuno può trasformare un po' di mondo inquinato dalla voracità umana nella realtà buona voluta dal Creatore. Chi sa contemplare, infatti, non sta con le mani in mano, ma si dà da fare concretamente. La contemplazione ti porta all'azione, a fare.

Parole d'amore ci circondano

La natura è piena di parole d'amore, ma come potremo ascoltarle in mezzo al rumore costante, alla distrazione permanente e ansiosa, o al culto dell'apparire? Molte persone sperimentano un profondo squilibrio che le spinge a fare le cose a tutta velocità per sentirsi occupate, in una fretta costante che a sua volta le porta a travolgere tutto ciò che hanno intorno a sé. Questo incide sul modo in cui si tratta l'ambiente. Un'ecologia integrale richiede di dedicare un po' di tempo per recuperare la serena armonia con il creato, per riflettere sul nostro stile di vita e i nostri ideali, per contemplare il Creatore, che vive tra di noi e in ciò che ci circonda, e la cui presenza non deve essere costruita, ma scoperta e svelata.

Un'espressione di questo atteggiamento è fermarsi a ringraziare Dio prima e dopo i pasti. Propongo ai credenti che riprendano questa preziosa abitudine e la vivano con profondità. Tale momento della benedizione, anche se molto breve, ci ricorda il nostro dipendere da Dio per la vita, fortifica il nostro senso di gratitudine per i doni della creazione, è riconoscente verso quelli che con il loro lavoro forniscono questi beni, e rafforza la solidarietà con i più bisognosi.

Adulti con un cuore giovane

Spero che tu possa stimare così tanto te stesso, prenderti così sul serio, da cercare la tua crescita spirituale. Questo non significa perdere la spontaneità, la freschezza, l'entusiasmo, la tenerezza. Perché diventare adulti non significa abbandonare i migliori valori di questa fase della vita. Altrimenti, il Signore potrebbe rimproverarti un giorno: «Mi ricordo di te, dell'affetto della tua giovinezza, dell'amore al tempo del tuo fidanzamento, quando mi seguivi nel deserto» (*Ger* 2,2).

Il bene cresce di nascosto

A volte, il frastuono del mondo, insieme alle tante attività che riempiono le nostre giornate, ci impediscono di fermarci e di scorgere come il Signore conduce la storia. Eppure – assicura il Vangelo – Dio è all'opera, al modo di un piccolo seme buono, che silenziosamente e lentamente germoglia. E, piano piano, diventa un albero rigoglioso, che dà vita e ristoro a tutti. Anche il seme delle nostre opere buone può sembrare poca cosa; eppure, tutto ciò che è buono appartiene a Dio e dunque umilmente, lentamente porta frutto. Il bene – ricordiamolo – cresce sempre in modo umile, nascosto, spesso invisibile.

Un modo per essere umani

La dimensione contemplativa dell'essere umano è un po' come il "sale" della vita: dà sapore, dà gusto alle nostre giornate. Si può contemplare guardando il sole che sorge al mattino, o gli alberi che si rivestono di verde a primavera; si può contemplare ascoltando musica o il canto degli uccelli, leggendo un libro, davanti a un'opera d'arte o a quel capolavoro che è il volto umano... Carlo Maria Martini, inviato come vescovo a Milano, intitolò la sua prima lettera pastorale *La dimensione contemplativa della vita*: in effetti, chi vive in una grande città, dove tutto – possiamo dire – è artificiale, dove tutto è funzionale, rischia di perdere la capacità di contemplare. Contemplare non è un modo di fare, è prima di tutto *un modo di essere.* Essere contemplativi non dipende dagli occhi, ma dal cuore.

Chi contempla custodisce

Abbiamo bisogno di fare silenzio, abbiamo bisogno di ascoltare, abbiamo bisogno di contemplare. Anche la contemplazione guarisce l'anima. Senza contemplazione diventiamo predatori, dimenticando la nostra vocazione di custodi della vita. È importante recuperare la dimensione contemplativa, cioè guardare la terra, il creato, come un dono, non come una cosa da sfruttare per il profitto. Quando contempliamo, scopriamo negli altri e nella natura qualcosa di molto più grande della loro utilità. Qui è il nocciolo del problema: contemplare è andare oltre l'utilità di una cosa. Contemplare il bello non vuol dire sfruttarlo: contemplare è gratuità. Scopriamo il valore intrinseco delle cose conferito loro da Dio.

La contemplazione, che ci conduce a un atteggiamento di cura, non è un guardare la natura dall'esterno, come se noi non vi fossimo immersi. Si fa piuttosto a partire da dentro, riconoscendoci parte del creato, rendendoci protagonisti e non meri spettatori di una realtà amorfa che si tratterebbe solo di sfruttare. Chi contempla in questo modo prova meraviglia non solo per ciò che vede, ma anche perché si sente parte integrante di questa bellezza; e si sente anche chiamato a custodirla, a proteggerla. C'è una cosa che non dobbiamo dimenticare: chi non sa contemplare la natura e il creato non sa contemplare le persone nella loro ricchezza. E chi vive per sfruttare la natura finisce per sfruttare le persone e trattarle come schiavi. Questa è una legge universale: se non sai contemplare la natura, sarà molto difficile che tu sappia contemplare la bellezza delle persone, il fratello, la sorella.

Chi sa contemplare più facilmente si metterà all'opera per cambiare ciò che produce degrado e danni alla salute. Si impegnerà a educare e promuovere nuove abitudini di produzione e consumo, a contribuire a un nuovo modello di crescita economica che garantisca il rispetto per la casa comune e il rispetto per le persone. Il contemplativo in azione tende a diventare custode dell'ambiente: è bello questo! Ognuno di noi dev'essere custode dell'ambiente, della purezza dell'ambiente, cercando di coniugare saperi ancestrali di culture millenarie con le nuove conoscenze tecniche, affinché il nostro stile di vita sia sempre sostenibile.

Imparare da Marta e da Maria

Marta e Maria, sorelle di Lazzaro, abitavano a Betania. Erano fedeli discepole del Signore. San Luca le descrive in questo modo: Maria, ai piedi di Gesù, «ascoltava la sua parola», mentre Marta era impegnata in molti servizi (cfr *Lc* 10, 39-40). Entrambe offrono accoglienza al Signore di passaggio, ma lo fanno in modo diverso. Maria si pone ai piedi di Gesù, in ascolto, Marta invece si lascia assorbire dalle cose da preparare, ed è così occupata da rivolgersi a Gesù dicendo: «Signore, non t'importa nulla che mia sorella mi abbia lasciata sola a servire? Dille dunque che mi aiuti» (v. 40). E Gesù le risponde rimproverandola con dolcezza: «Marta, Marta, tu ti affanni e ti agiti per molte cose, ma di una sola c'è bisogno» (v. 41).

Che cosa vuole dire Gesù? Qual è questa cosa sola di cui abbiamo bisogno? Anzitutto è importante capire che non si tratta della contrapposizione tra due atteggiamenti: l'ascolto della parola del Signore, la contemplazione, e il servizio concreto al prossimo. Non sono due atteggiamenti contrapposti, ma, al contrario, sono due aspetti entrambi essenziali per la nostra vita cristiana; aspetti che non vanno mai separati, ma vissuti in profonda unità e armonia. Ma allora perché Marta riceve il rimprovero, anche se fatto con dolcezza? Perché ha ritenuto essenziale solo quello che stava facendo, era cioè troppo assorbita e preoccupata dalle cose da "fare". In un cristiano, le opere di servizio e di carità non sono mai staccate dalla fonte principale di ogni nostra azione: cioè l'ascolto della Parola del Signore, lo stare – come Maria – ai piedi di Gesù, nell'atteggiamento del discepolo. E per questo Marta viene rimproverata.

Anche nella nostra vita cristiana, preghiera e azione siano sempre profondamente unite. Una preghiera che non porta all'azione concreta verso il fratello povero, malato, bisognoso di aiuto, il fratello in difficoltà, è una preghiera sterile e incompleta. Ma, allo stesso modo, quando nel servizio ecclesiale si è attenti solo al fare, si dà più peso alle cose, alle funzioni, alle strutture, e ci si dimentica della centralità di Cristo, non si riserva tempo per il dialogo con Lui nella preghiera, si rischia di servire se stessi e non Dio presente nel fratello bisognoso. San Benedetto riassumeva lo stile di vita che indicava ai suoi monaci in due parole: *Ora et labora*, prega e opera. È dalla contemplazione, da un forte rapporto di amicizia con il Signore, che nasce in noi la capacità di vivere e di portare l'amore di Dio, la sua misericordia, la sua tenerezza verso gli altri. E anche il nostro lavoro di carità nelle opere di misericordia ci porta al Signore, perché noi vediamo proprio il Signore nel fratello e nella sorella bisognosi.

Meditare è fare un respiro nella vita

La pratica della meditazione ha ricevuto in questi anni una grande attenzione. Di essa non parlano solamente i cristiani: esiste una pratica meditativa in pressoché tutte le religioni del mondo. Ma si tratta di un'attività diffusa anche tra persone che non hanno una visione religiosa della vita. Tutti abbiamo bisogno di meditare, di riflettere, di ritrovare noi stessi, è una dinamica umana. Soprattutto nel vorace mondo occidentale si cerca la meditazione perché essa rappresenta un argine elevato contro lo stress quotidiano e il vuoto che ovunque dilaga. Ecco, dunque, l'immagine di giovani e adulti seduti in raccoglimento, in silenzio, con gli occhi socchiusi… Ma possiamo domandarci: cosa fanno queste persone? Meditano. È un fenomeno da guardare con favore: infatti noi non siamo fatti per correre in continuazione, possediamo una vita interiore che non può sempre essere calpestata. Meditare è dunque un bisogno di tutti. Meditare, per così dire, assomiglierebbe a fermarsi e fare un respiro nella vita.

Un'attenzione da non perdere

Non è sano però amare il silenzio ed evitare l'incontro con l'altro, desiderare il riposo e respingere l'attività, ricercare la preghiera e sottovalutare il servizio. Tutto può essere accettato e integrato come parte della propria esistenza in questo mondo, ed entra a far parte del cammino di santificazione. Siamo chiamati a vivere la contemplazione anche in mezzo all'azione, e ci santifichiamo nell'esercizio responsabile e generoso della nostra missione.

La preghiera non è una passeggiata

La preghiera cristiana, come tutta la vita cristiana, non è una "passeggiata". Nessuno dei grandi oranti che incontriamo nella Bibbia e nella storia della Chiesa ha avuto una preghiera "comoda". Sì, si può pregare come i pappagalli – bla, bla, bla, bla, bla – ma questa non è preghiera. La preghiera certamente dona una grande pace, ma attraverso un combattimento interiore, a volte duro, che può accompagnare periodi anche lunghi della vita. Pregare non è una cosa facile e per questo noi scappiamo dalla preghiera. Ogni volta che vogliamo farlo, subito ci vengono in mente tante altre attività, che in quel momento appaiono più importanti e più urgenti. Questo succede anche a me: vado a pregare un po'... E no, devo fare questo e l'altro... Noi fuggiamo dalla preghiera, non so perché, ma è così. Quasi sempre, dopo aver rimandato la preghiera, ci accorgiamo che quelle cose non erano affatto essenziali, e che magari abbiamo sprecato del tempo. Il Nemico ci inganna così.

Tutti gli uomini e le donne di Dio riferiscono non solamente la gioia della preghiera, ma anche il fastidio e la fatica che essa può procurare: in qualche momento è una dura lotta tenere fede ai tempi e ai modi della preghiera. Qualche santo l'ha portata avanti per anni senza provarne alcun gusto, senza percepirne l'utilità. Il silenzio, la preghiera, la concentrazione sono esercizi difficili, e qualche volta la natura umana si ribella. Preferiremmo stare in qualsiasi altra parte del mondo, ma non lì, su quella panca della chiesa a pregare. Chi vuole pregare deve ricordarsi che la fede non è facile, e qualche volta procede in un'oscurità quasi totale, senza punti di riferimento. Ci sono momenti della vita di fede che sono oscuri e per questo qualche santo li chiama: "la notte oscura", perché non si sente nulla. Ma io continuo a pregare.

Chi prega porta il mondo

Chi prega non lascia mai il mondo alle sue spalle. Se la preghiera non raccoglie le gioie e i dolori, le speranze e le angosce dell'umanità, diventa un'attività "decorativa", un atteggiamento superficiale, da teatro, un atteggiamento intimistico. Tutti abbiamo bisogno di interiorità: di ritirarci in uno spazio e in un tempo dedicato al nostro rapporto con Dio. Ma questo non vuol dire evadere dalla realtà. Nella preghiera, Dio "ci prende, ci benedice, e poi ci spezza e ci dà", per la fame di tutti. Ogni cristiano è chiamato a diventare, nelle mani di Dio, pane spezzato e condiviso. Cioè una preghiera concreta, che non sia una fuga.

Così gli uomini e le donne di preghiera cercano la solitudine e il silenzio, non per non essere infastiditi, ma per ascoltare meglio la voce di Dio. A volte si ritirano dal mondo, nel segreto della propria camera, come raccomandava Gesù (cfr *Mt* 6,6), ma, ovunque siano, tengono sempre spalancata la porta del loro cuore: una porta aperta per quelli che pregano senza sapere di pregare; per quelli che non pregano affatto ma portano dentro un grido soffocato, un'invocazione nascosta; per quelli che hanno sbagliato e hanno smarrito la via... Chiunque può bussare alla porta di un orante e trovare in lui o in lei un cuore compassionevole, che prega senza escludere nessuno. La preghiera è il nostro cuore e la nostra voce, e si fa cuore e voce di tanta gente che non sa pregare o non prega, o non vuole pregare o è impossibilitata a farlo: noi siamo come intercessori, siamo il cuore e la voce di questa gente che sale a Gesù, sale al Padre. Nella solitudine – sia una lunga solitudine sia la solitudine di una mezz'oretta – chi prega si separa da tutto e da tutti per ritrovare tutto e tutti in Dio. Così l'orante prega per il mondo intero, portando sulle sue spalle dolori e peccati. Prega per tutti e per ciascuno: è come se fosse un'"antenna" di Dio in questo mondo.

Il combattimento di sant'Antonio

Sant'Antonio abate, il fondatore del monachesimo cristiano, in Egitto, affrontò momenti terribili, in cui la preghiera si trasformava in dura lotta. Il suo biografo sant'Atanasio, vescovo di Alessandria, narra che uno degli episodi peggiori capitò al santo eremita intorno ai trentacinque anni, età di mezzo che per molti comporta una crisi. Antonio fu turbato da quella prova, ma resistette. Quando finalmente tornò il sereno, si rivolse al suo Signore con un tono quasi di rimprovero: «Dov'eri? Perché non sei venuto subito a porre fine alle mie sofferenze?» E Gesù rispose: «Antonio, io ero là. Ma aspettavo di vederti combattere» (*Vita di Antonio,* 10). Combattere nella preghiera. Tante volte la preghiera è un combattimento.

Con la preghiera facciamo spazio

Sempre torniamo sullo stesso tema: la preghiera! Ma è tanto importante la preghiera. Pregare con le preghiere che tutti noi sappiamo da bambini, ma anche pregare con le nostre parole. Pregare il Signore: «Signore, aiutami, consigliami, cosa devo fare adesso?» E con la preghiera facciamo spazio, affinché lo Spirito venga e ci aiuti in quel momento, ci consigli su quello che tutti noi dobbiamo fare. La preghiera! Mai dimenticare la preghiera. Mai! Nessuno se ne accorge se sul bus o per strada preghiamo in silenzio con il cuore. Approfittiamo di questi momenti per pregare, pregare perché lo Spirito ci dia il dono del consiglio.

Impara cosa dire al Signore

Gesù ci insegna: il Padre sa le cose. Non preoccupatevi, il Padre manda la pioggia sui giusti e sui peccatori, il sole per i giusti e i peccatori. Io vorrei che da oggi tutti noi durante la giornata per cinque minuti prendessimo la Bibbia e lentamente recitassimo il salmo 102: «Benedici il Signore anima mia, quanto è in me benedica il suo nome, non dimenticare tutti i suoi benefici. Egli perdona tutte le colpe, guarisce tutte le infermità, salva dalla fossa la tua vita, ti circonda di bontà e misericordia». Recitiamolo tutto. E con questo impareremo le cose che dobbiamo dire al Signore, quando chiediamo una grazia.

La grazia si chiede lottando

Mi viene alla memoria una cosa che ho vissuto da vicino, quando ero in Argentina. C'era una coppia che aveva una figlia di nove anni, con una malattia che i medici non sapevano diagnosticare. Alla fine, in ospedale, il medico disse alla mamma: «Signora, chiami suo marito». Il marito era al lavoro, erano operai. Il medico disse al padre: «La bambina non passa la notte. È un'infezione, non possiamo fare nulla». Quell'uomo forse non andava a Messa tutte le domeniche, ma aveva una fede grande. Uscì piangendo, lasciò la moglie lì con la bambina, prese il treno e fece i settanta chilometri di distanza verso la basilica della Madonna di Luján, la Patrona dell'Argentina. La basilica era già chiusa, erano quasi le dieci di sera – lui si aggrappò alle grate della basilica pregando la Madonna e rimase così tutta la notte, combattendo per la salute della figlia. Questa non è una fantasia: l'ho visto io! L'ho vissuto io. Ho visto quell'uomo combattere. Alla fine, alle sei del mattino, si aprì la chiesa e lui entrò a salutare la Madonna. Poi, dopo aver passato tutta la notte a "combattere", tornò a casa. Quando arrivò, non trovò nessuno e pensò: "Mia figlia se ne è andata. No, la Madonna non può farmi questo". Poi trovò la moglie, che sorridente gli disse: «Ma non so cosa è successo; i medici dicono che la situazione è cambiata all'improvviso e che adesso è guarita». Quell'uomo lottando con la preghiera ha avuto la grazia della Madonna. La Madonna lo ha ascoltato. Questo l'ho visto io: la preghiera fa miracoli, perché la preghiera va proprio al centro della tenerezza di Dio che ci ama come un padre. E quando non ci fa la grazia, ce ne farà un'altra che poi vedremo con il tempo. Ma per chiedere la grazia occorre sempre combattere nella preghiera. Sì, a volte noi chiediamo una grazia di cui abbiamo bisogno, ma la chiediamo così, senza voglia, senza combattere. Ma non si chiedono così le cose serie. La preghiera è un combattimento e il Signore è sempre con noi.

Se in un momento di cecità non riusciamo a scorgere la sua presenza, ci riusciremo in futuro. Capiterà anche a noi di ripetere la stessa frase che disse un giorno il patriarca Giacobbe: «Certo, il Signore è in questo luogo e io non lo sapevo» (*Gen* 28,16).

Non estasi, ma perseveranza

Si deve imparare a camminare sempre. Il vero progresso della vita spirituale non consiste nel moltiplicare le estasi, ma nell'essere capaci di perseverare in tempi difficili: cammina, cammina, cammina... E se sei stanco, fermati un po' e torna a camminare. Ma con perseveranza. Ricordiamo la parabola di san Francesco sulla perfetta letizia: non è nelle fortune infinite piovute dal Cielo che si misura la bravura di un frate, ma nel camminare con costanza, anche quando non si è riconosciuti, anche quando si è maltrattati, anche quando tutto ha perso il gusto degli inizi. Tutti i santi sono passati per questa "valle oscura", e non scandalizziamoci se, leggendo i loro diari, ascoltiamo il resoconto di serate di preghiera svogliata, vissuta senza gusto. Bisogna imparare a dire: «Anche se Tu, Dio mio, sembri far di tutto perché io smetta di credere in Te, io invece continuo a pregarti». I credenti non spengono mai la preghiera! Essa a volte può assomigliare a quella di

Giobbe, che non accetta che Dio lo tratti ingiustamente, protesta e lo chiama in giudizio. Ma, come diceva una vecchietta, «anche arrabbiarsi con Dio è una forma di preghiera». Quante volte un figlio si arrabbia con il papà... È un modo di rapportarsi con Dio: ci si arrabbia con lui perché lo si riconosce "padre". E anche noi, che siamo molto meno santi e pazienti di Giobbe, sappiamo che alla fine, al termine di questo tempo di desolazione, in cui abbiamo elevato al Cielo grida mute e tanti "perché?", Dio ci risponderà.

Siamo un soffio, che però sa pregare

L'uomo – la persona umana, l'uomo e la donna – è come un soffio, come un filo d'erba. Il filosofo Pascal scriveva: «Non serve che l'universo intero si armi per schiacciarlo; un vapore, una goccia d'acqua è sufficiente per ucciderlo». Siamo esseri fragili, ma sappiamo pregare: questa è la nostra più grande dignità. Ed è anche la nostra fortezza.

La madre di tutte le parabole

Ci sono diversi modi di ricevere la Parola di Dio. Come si legge nella parabola del seminatore (cfr *Mt* 13, 1-23), possiamo farlo come se fossimo una strada, sulla quale gli uccelli si avventano per mangiare i semi. La strada rappresenterebbe la distrazione, un grande pericolo del nostro tempo. Assillati da tante chiacchiere, da tante ideologie, dalle continue possibilità di distrarsi dentro e fuori di casa, si può perdere il gusto del silenzio, del raccoglimento, del dialogo con il Signore, tanto da rischiare di perdere la fede, di non accogliere la Parola di Dio. Stiamo vedendo tutto, distratti da tutto, dalle cose mondane.

Un'altra possibilità: possiamo accogliere la Parola di Dio come un terreno sassoso, con poca terra. Lì il seme germoglia presto, ma presto pure si secca, perché non riesce a mettere radici in profondità. È l'immagine di quelli che accolgono la Parola di Dio con un entusiasmo momentaneo che però rimane superficiale, senza assimilarla veramente. E così, davanti alla prima difficoltà, pensiamo a una sofferenza, un turbamento della vita, quella fede ancora debole si dissolve, come si secca il seme che cade in mezzo alle pietre.

Possiamo, ancora – una terza possibilità di cui Gesù parla nella parabola – accogliere la Parola di Dio come un terreno dove crescono cespugli spinosi. Le spine sono l'inganno della ricchezza, del successo, delle preoccupazioni mondane... Lì la Parola cresce un po', ma rimane soffocata, non è forte, muore o non porta frutto.

Infine – la quarta possibilità – possiamo accoglierla come il terreno buono. Qui, e soltanto qui, il seme attecchisce e porta frutto. La semente caduta su questo terreno fertile rappresenta coloro che ascoltano la Parola, la accolgono, la custodiscono nel cuore e la mettono in pratica nella vita di ogni giorno.

Questa del seminatore è un po' la "madre" di tutte le parabole, perché parla dell'ascolto della Parola.

Ci ricorda che essa è un seme fecondo ed efficace; e Dio lo sparge dappertutto con generosità, senza badare a sprechi. Così è il cuore di Dio! Ognuno di noi è un terreno su cui cade il seme della Parola, nessuno è escluso. La Parola è data a ognuno di noi. Possiamo chiederci: io, che tipo di terreno sono? Assomiglio alla strada, alla terra sassosa, al roveto? Se vogliamo, con la grazia di Dio possiamo diventare terreno buono, dissodato e coltivato con cura, per far maturare il seme della Parola.

Oggi è il giorno più bello

Non esiste altro meraviglioso giorno che l'oggi che stiamo vivendo. La gente che vive sempre pensando che "il futuro sarà meglio", ma non prende l'oggi come viene, è gente che vive nella fantasia, che non sa prendere il concreto del reale. L'oggi è reale, l'oggi è concreto. E la preghiera avviene nell'oggi. Gesù ci viene incontro oggi, questo oggi che stiamo vivendo. Ed è la preghiera a trasformare questo oggi in grazia, o meglio, a trasformarci: placa l'ira, sostiene l'amore, moltiplica la gioia, infonde la forza di perdonare. In qualche momento ci sembrerà di non essere più noi a vivere, ma che la grazia viva e operi in noi mediante la preghiera. E quando ci viene un pensiero di rabbia, di scontento, che ci porta verso l'amarezza, fermiamoci e diciamo al Signore: «Dove sei? E dove sto andando io?» E il Signore è lì, il Signore ci darà la parola giusta, il consiglio per andare avanti senza il succo amaro della negatività. Perché sempre la preghiera è "positiva", per usare una parola profana. Sempre. Ti porta avanti. Ogni giorno che inizia, se accolto nella preghiera, si accompagna al coraggio, così che i problemi da affrontare non siano più intralci alla nostra felicità, ma appelli di Dio, occasioni per il nostro incontro con Lui. E quando uno è accompagnato dal Signore, si sente più coraggioso, più libero, e anche più felice.

XIII

NON SMETTERE DI SOGNARE

Meglio essere Don Chisciotte che Sancho Panza

Gesù crede in voi più di quanto voi credete in voi stessi. Questo è importante: Gesù crede in voi più di quanto credete voi in voi stessi. Gesù vi ama più di quanto voi vi amate. Cercatelo uscendo da voi stessi, in cammino: Lui vi aspetta. Fate gruppo, fatevi degli amici, fate delle camminate, fate degli incontri, fate Chiesa così, camminando. Il Vangelo è scuola di vita, il Vangelo ci porta sempre al cammino. Credo che questo sia il modo di prepararsi per ascoltare il Signore.

E poi sentirete l'invito del Signore a fare una cosa, o un'altra... Nel Vangelo leggiamo che a qualcuno dice: «Seguimi!», a un altro dice: «Vai a fare questo...» Il Signore ti farà sentire cosa vuole da te, ma a patto che tu non stia seduto, che tu sia in cammino, che tu cerchi gli altri e cerchi di fare dialogo e comunità con gli altri, e soprattutto che tu preghi. Che preghi con le tue parole, con quello che ti viene dal cuore. È la preghiera più bella. Gesù sempre ci invita a prendere il largo: non accontentarti di guardare l'orizzonte dalla spiaggia, no, vai avanti. Lui non vuole che rimani in panchina, ti invita a scendere in campo. Non ti vuole dietro le quinte a spiare gli altri o in tribuna a commentare, ma ti vuole in scena. Mettiti in gioco! Hai paura di fare qualche figuraccia? Falla, pazienza. Tutti ne abbiamo fatte tante, tante. Perdere la faccia non è il dramma della vita. Il dramma della vita invece è non metterci la faccia: quello è il dramma! Quello è non donare la vita! Meglio cavalcare i sogni belli con qualche figuraccia che diventare pensionati del quieto vivere – pancioni, lì, comodi. Meglio buoni idealisti che pigri realisti: meglio essere Don Chisciotte che Sancho Panza!

Non siamo scelti per le cosine piccole

Non ci sono difficoltà, tribolazioni, incomprensioni che ci devono far paura se rimaniamo uniti a Dio come i tralci sono uniti alla vite, se non perdiamo l'amicizia con Lui, se gli facciamo sempre più spazio nella nostra vita. Questo anche e soprattutto se ci sentiamo poveri, deboli, peccatori, perché Dio dona forza alla nostra debolezza, ricchezza alla nostra povertà, conversione e perdono al nostro peccato.

Abbiamo fiducia nell'azione di Dio! Con Lui possiamo fare cose grandi; ci farà sentire la gioia di essere suoi discepoli, suoi testimoni. Scommettete sui grandi ideali, sulle cose grandi. Noi cristiani non siamo scelti dal Signore per cosine piccole, andate sempre al di là, verso le cose grandi. Giocate la vita per grandi ideali!

Rinnova il tuo fuoco a ogni età

Se è tipico del giovane sentirsi attratto dall'infinito che si apre e che comincia, un rischio della vita adulta, con le sue sicurezze e comodità, consiste nel trascurare sempre più questo orizzonte e perdere quel valore proprio degli anni della gioventù. Invece dovrebbe accadere il contrario: maturare, crescere e organizzare la propria vita senza perdere quell'attrazione, quell'apertura ampia, quel fascino per una realtà che è sempre qualcosa di più. In ogni momento della vita potremo rinnovare e accrescere la nostra giovinezza. Quando ho iniziato il mio ministero come Papa, il Signore ha allargato i miei orizzonti e mi ha dato una rinnovata giovinezza. La stessa cosa può accadere a una coppia sposata da molti anni, o a un monaco nel suo monastero. Ci sono cose che hanno bisogno di sedimentarsi negli anni, ma questa maturazione può convivere con un fuoco che si rinnova, con un cuore sempre giovane.

Crescere vuol dire conservare e alimentare le cose più preziose che ti regala la giovinezza, ma nello stesso tempo significa essere aperti a purificare ciò che non è buono e a ricevere nuovi doni da Dio che ti chiama a sviluppare ciò che vale. A volte, i complessi di inferiorità possono portarti a non voler vedere i tuoi difetti e le tue debolezze, e in questo modo puoi chiuderti alla crescita e alla maturazione. Lasciati piuttosto amare da Dio, che ti ama così come sei, ti apprezza e ti rispetta, ma ti offre anche sempre di più: più amicizia con Lui, più fervore nella preghiera, più sete della sua Parola, più desiderio di ricevere Cristo nell'Eucaristia, più voglia di vivere il suo Vangelo, più forza interiore, più pace e gioia spirituale.

Se gli anziani non sognano...

Gli anziani, segnati dall'esperienza e dagli anni, hanno sogni intessuti di ricordi, delle immagini di tante cose vissute. Se i giovani si radicano nei sogni degli anziani riescono a vedere il futuro, possono avere visioni che aprono loro l'orizzonte e mostrano loro nuovi cammini. Ma se gli anziani non sognano, i giovani non possono più vedere chiaramente l'orizzonte.

Non c'è fedeltà senza rischio

Nella parabola dei talenti, i servi bravi sono quelli che *rischiano*. Non sono cauti e guardinghi, non conservano quello che hanno ricevuto, ma lo impiegano. Perché il bene, se non si investe, si perde, perché la grandezza della nostra vita non dipende da quanto mettiamo da parte, ma da quanto frutto portiamo. Quanta gente passa la vita solo ad accumulare, pensando a *stare bene* più che a *fare del bene*. Ma com'è vuota una vita che insegue *i bisogni*, senza guardare a *chi ha bisogno*! Se *abbiamo* dei doni, è per *essere* noi doni per gli altri. E qui, fratelli e sorelle, ci facciamo la domanda: io seguo soltanto i bisogni, o sono capace di guardare a chi ha bisogno? La mia mano è aperta o chiusa a pugno?

Nel Vangelo, i servi che investono, che rischiano, per quattro volte sono chiamati «fedeli» (*Mt* 25,15ss). Per il Vangelo non c'è fedeltà senza rischio. «Ma, padre, essere cristiano significa rischiare?» «Sì, caro o cara, rischiare. Se tu non rischi, finirai come il terzo servo: sotterrando le tue capacità, le tue ricchezze spirituali, materiali, tutto». Rischiare: non c'è fedeltà senza rischio. Essere fedeli a Dio è spendere la vita, è lasciarsi sconvolgere i piani dal servizio. «Io ho questo piano, ma se servo...» Lascia che si sconvolga il piano, tu servi. È triste quando un cristiano gioca sulla difensiva, attaccandosi solo all'osservanza delle regole e al rispetto dei comandamenti. Quei cristiani "misurati" che mai fanno un passo fuori dalle regole, mai, perché hanno paura del rischio. E questi, permettetemi l'immagine, questi che si prendono cura così di se stessi da non rischiare mai, questi incominciano nella vita un processo di mummificazione dell'anima, e finiscono mummie. Non basta, non basta osservare le regole; la fedeltà a Gesù non è solo non commettere errori, è negativo, questo. Così pensava il servo pigro della parabola: privo di iniziativa e creatività, si nasconde dietro un'inutile paura e seppellisce il talento ricevuto. Il padrone lo definisce addirittura «malvagio» (*Mt* 25,26). Eppure non ha fatto nulla di male! Già, ma non ha fatto niente di bene. Ha preferito peccare di omissione piuttosto che rischiare di sbagliare. Non è stato fedele a Dio, che ama spendersi; e gli ha recato l'offesa peggiore: restituirgli il dono ricevuto. «Tu mi hai dato questo, io ti do questo», niente di più.

Non lasciare che la vita ti voli via

Per ciascuno di noi il tempo in cui poter accogliere la redenzione è breve: è la durata della nostra vita in questo mondo. È breve. Forse sembra lunga... Io ricordo che sono andato a dare i Sacramenti, l'Unzione degli ammalati a un anziano molto buono e lui in quel momento, prima di ricevere l'Eucaristia e l'Unzione, mi ha detto questa frase: «Mi è volata la vita», come per dire: io credevo che fosse eterna, ma… «Mi è volata la vita»: così sentiamo noi anziani, che la vita se ne è andata. Se ne va. La vita è un dono dell'infinito amore di Dio, ma è anche tempo di verifica del nostro amore verso di Lui. Perciò ogni momento, ogni istante della nostra esistenza è un tempo prezioso per amare Dio e per amare il prossimo, e così entrare nella vita eterna.

La storia della nostra vita ha due ritmi: uno, misurabile, fatto di ore, di giorni, di anni; l'altro, composto dalle stagioni del nostro sviluppo: nascita, infanzia, adolescenza, maturità, vecchiaia, morte. Ogni tempo, ogni fase ha un valore proprio, e può essere momento privilegiato di incontro con il Signore. La fede ci aiuta a scoprire il significato spirituale di questi tempi: ognuno di essi contiene una particolare chiamata del Signore, alla quale possiamo dare una risposta positiva o negativa.

L'importanza dello stupore

Ripartiamo dallo stupore; guardiamo il Crocifisso e diciamogli: «Signore, quanto mi ami! Quanto sono prezioso per Te!» Lasciamoci stupire da Gesù per tornare a vivere, perché la grandezza della vita non sta nell'avere e nell'affermarsi, ma nello scoprirsi amati. Questa è la grandezza della vita: scoprirsi amati. E la grandezza della vita è proprio nella bellezza dell'amore. Nel Crocifisso vediamo Dio umiliato, l'Onnipotente ridotto a uno scarto. E con la grazia dello stupore capiamo che accogliendo chi è scartato, avvicinando chi è umiliato dalla vita, amiamo Gesù: perché Lui è negli ultimi, nei rifiutati, in coloro che la nostra cultura farisaica condanna.

Subito dopo la morte di Gesù, il Vangelo ci svela l'icona più bella dello stupore. È la scena del centurione, che «avendolo visto spirare in quel modo, disse: "Davvero quest'uomo era Figlio di Dio!"» (*Mc* 15,39). Si è lasciato stupire dall'amore. In che modo aveva visto morire Gesù? L'aveva visto morire amando, e questo lo stupì. Soffriva, era stremato, ma continuava ad amare. Ecco lo stupore davanti a Dio, il quale sa riempire d'amore anche il morire. In questo amore gratuito e inaudito, il centurione, un pagano, trova Dio. *Davve-*

ro era Figlio di Dio! La sua frase suggella la Passione. Tanti prima di lui nel Vangelo, ammirando Gesù per i suoi miracoli e prodigi, lo avevano riconosciuto Figlio di Dio, ma Cristo stesso li aveva messi a tacere, perché c'era il rischio che si fermassero all'ammirazione mondana, all'idea di un Dio da adorare e temere in quanto potente e terribile. Ora non più, sotto la croce non si può più fraintendere: Dio si è svelato e regna solo con la forza disarmata e disarmante dell'amore.

Fratelli e sorelle, Dio stupisce la nostra mente e il nostro cuore. Lasciamo che questo stupore ci pervada, guardiamo il Crocifisso e diciamo anche noi: «Tu sei davvero il Figlio di Dio. Tu sei il mio Dio».

Quando si fanno strada ansia e insicurezza

Dobbiamo perseverare sulla strada dei sogni. Per questo, bisogna stare attenti a una tentazione che spesso ci fa brutti scherzi: l'ansia. Può diventare una grande nemica quando ci porta ad arrenderci perché scopriamo che i risultati non sono immediati. I sogni più belli si conquistano con speranza, pazienza e impegno, rinunciando alla fretta. Nello stesso tempo, non bisogna bloccarsi per insicurezza, non bisogna avere paura di rischiare e di commettere errori. Piuttosto dobbiamo avere paura di vivere paralizzati, come morti viventi, ridotti a soggetti che non vivono perché non vogliono rischiare, perché non portano avanti i loro impegni o hanno paura di sbagliare. Anche se sbagli, potrai sempre rialzare la testa e ricominciare, perché nessuno ha il diritto di rubarti la speranza.

Da dove nasce la gioia

«L'anima mia magnifica il Signore» (*Lc* 1,46). Noi, abituati a sentire queste parole, forse non facciamo più caso al loro significato. *Magnificare* letteralmente significa "fare grande", ingrandire. Maria "ingrandisce il Signore": non i problemi, che pure non le mancavano in quel momento, ma il Signore. Quante volte, invece, noi ci lasciamo sovrastare dalle difficoltà e assorbire dalle paure! La Madonna no, perché mette *Dio come prima grandezza della vita*. Da qui scaturisce il *Magnificat*, da qui nasce la gioia: non dall'assenza dei problemi, che prima o poi arrivano, ma dalla presenza di Dio che ci aiuta, che è vicino a noi. Perché Dio è grande. E soprattutto, Dio guarda ai piccoli. Noi siamo la sua debolezza di amore: Dio guarda e ama i piccoli.

Riscopriamo il senso dell'attesa

Quando uno assolutizza il presente, perde il senso dell'attesa, che è tanto bello, e tanto necessario, e ci porta fuori dalle contraddizioni del momento. Questo atteggiamento – questa perdita del senso dell'attesa – preclude ogni prospettiva sull'al di là: si fa tutto come se non si dovesse mai partire per l'altra vita. E allora ci si preoccupa soltanto di possedere, di emergere, di sistemarsi... E sempre di più. Se ci lasciamo guidare da ciò che ci appare più attraente, da quello che ci piace, dalla ricerca dei nostri interessi, la nostra vita diventa sterile; non accumuliamo alcuna riserva di olio per la nostra lampada, ed essa si spegnerà prima dell'incontro con il Signore. Dobbiamo vivere l'oggi, ma l'oggi che va verso il domani, verso quell'incontro, l'oggi carico di speranza.

Prima di tutto, sognate!

Uno scrittore latinoamericano diceva che noi uomini abbiamo due occhi, uno di carne e uno di vetro. Con l'occhio di carne vediamo ciò che guardiamo. Con l'occhio di vetro vediamo ciò che sogniamo. Bello, vero?

Nell'obiettività della vita deve entrare la capacità di sognare. Un giovane che non è capace di sognare è recintato in se stesso, è chiuso in se stesso. Tutti sognano cose che non accadranno mai... Ma tu sognale, desiderale, cerca orizzonti, apriti, apriti a cose grandi. In Argentina diciamo *no te arrugues*, non tirarti indietro, apriti. Apriti e sogna. Sogna che il mondo con te può essere diverso. Sogna che se darai il meglio di te, aiuterai a far sì che questo mondo sia diverso. Sognate! A volte vi potrà capitare di lasciarvi trasportare e sognare troppo, e che la vita vi tagli la strada. Non importa, sognate. E raccontate i vostri sogni. Raccontate, parlate delle cose grandi che desiderate, perché più grande è la capacità di sognare, più cammino avrete percorso, anche se la vita vi lascerà a metà strada. Perciò, prima di tutto sognate!

XIV

COME SVELARE LA MERAVIGLIA CHE È IN TE

1. *Compi scelte definitive e radicali*

Affidarsi alla fedeltà del Signore è una scelta che anche noi abbiamo l'opportunità di fare nella nostra vita cristiana... Una scelta grande, difficile. Ce ne rendiamo conto quando conosciamo la vita dei martiri, quando leggiamo sui giornali le persecuzioni dei cristiani, oggi. Pensiamo a questi fratelli e sorelle che si trovano in situazioni al limite e che fanno questa scelta. Loro vivono in questo tempo. Sono un esempio per noi.

2. *Riempi d'amore ogni momento*

Mentre lotti per realizzare i tuoi sogni, vivi pienamente l'oggi, donalo interamente e riempi d'amore ogni momento. Perché è vero che questo giorno della tua vita può essere l'ultimo, e allora vale la pena di viverlo con tutto il desiderio e con tutta la profondità possibili.

3. Non scandalizzarti di Gesù che passa

«Tu sei uno di noi»: dirlo a Gesù è una bella preghiera! E poiché è uno di noi ci capisce, ci accompagna, ci perdona, ci ama tanto. In realtà, è più comodo un dio astratto, distante, che non si immischia nelle situazioni e che accetta una fede lontana dalla vita, dai problemi, dalla società. Oppure ci piace credere a un dio "dagli effetti speciali", che fa solo cose eccezionali e dà sempre grandi emozioni. Invece, cari fratelli e sorelle, Dio si è incarnato: Dio è umile, Dio è tenero, Dio è nascosto, si fa vicino a noi abitando la normalità della nostra vita quotidiana. E allora, succede a noi come ai compaesani di Gesù: rischiamo che, quando passa, non lo riconosciamo. Torno a dire quella bella frase di sant'Agostino: «Ho paura di Dio, del Signore quando passa». Ma, Agostino, perché hai paura? «Ho paura di non riconoscerlo. Ho paura del Signore quando passa. *Timeo Dominum transeuntem*». Non lo riconosciamo, ci scandalizziamo di Lui. Pensiamo a com'è il nostro cuore rispetto a questa realtà.

4. Non aver paura di Dio

Di fronte alla chiamata del Signore, che ci può giungere in mille modi, anche attraverso persone, avvenimenti lieti e tristi, a volte il nostro atteggiamento può essere di rifiuto, rifiuto perché essa ci sembra in contrasto con le nostre aspirazioni. E anche di paura, perché la riteniamo troppo impegnativa e scomoda: «Oh non ce la farò, meglio di no, meglio una vita più tranquilla... Dio là, io qua». Ma la chiamata di Dio è amore, dobbiamo cercare di trovare l'amore che è dietro ogni chiamata, e si risponde a essa solo con l'amore. Questo è il linguaggio: la risposta a una chiamata che viene dall'amore è solo l'amore. All'inizio c'è un incontro, anzi, c'è *l'incontro* con Gesù, che ci parla del Padre, ci fa conoscere il suo amore. E allora anche in noi sorge spontaneo il desiderio di comunicarlo alle persone che amiamo: «ho incontrato l'Amore», «ho incontrato il Messia», «ho incontrato Dio», «ho incontrato Gesù», «ho trovato il senso della mia vita». In una parola: «ho trovato Dio».

5. Rischia, ma cammina!

La parola l'ho detta tante volte: rischia! Rischia. Chi non rischia non cammina. «Ma se sbaglio?» Benedetto il Signore! Sbaglierai di più se rimani fermo, ferma: quello è lo sbaglio, lo sbaglio brutto, la chiusura. Rischia. Rischia su ideali nobili, rischia sporcandoti le mani, rischia come ha rischiato quel samaritano della parabola. Quando noi nella vita siamo più o meno tranquilli, c'è sempre la tentazione della paralisi. La tentazione di non rischiare, di stare tranquilli, quieti... Avvicinati ai problemi, esci da te stesso e rischia, rischia. Altrimenti la tua vita lentamente diventerà una vita paralitica: felice, contenta, con la famiglia, ma lì, *parcheggiata*. È molto triste vedere vite parcheggiate; è molto triste vedere persone che sembrano più mummie da museo che esseri viventi. Rischia! Rischia! E se sbagli, benedetto il Signore. Rischia. Avanti!

6. Abbi il coraggio di rialzarti sempre

Ho sentito da una ragazza: «Tra i miei amici vedo che si è persa la spinta a mettersi in gioco, il coraggio di alzarsi». Purtroppo anche tra i giovani si diffonde la depressione, che in alcuni casi può portare persino alla tentazione di togliersi la vita. Quante situazioni in cui regna l'apatia, in cui ci si perde nell'abisso delle angosce e dei rimorsi! Quanti giovani piangono senza che nessuno ascolti il grido della loro anima! Intorno a loro tante volte ci sono sguardi distratti, indifferenti, di chi magari si gode i propri *happy hour* tenendosi a distanza.

7. Fa' rumore con la bellezza, la bontà e la verità

Volevo dirvi questo: coraggio, andate avanti, fate rumore. Dove sono i giovani deve esserci rumore. Poi, si regolano le cose, ma l'ambizione di un giovane deve essere fare rumore sempre. Andate avanti! Nella vita ci saranno sempre persone che vi faranno proposte per frenare, per bloccare la vostra strada. Per favore, andate controcorrente. Siate coraggiosi, coraggiose: andate controcorrente. E se vi dicono: «Prendi un po' d'alcol, prendi un po' di droga», dite no! Andate controcorrente rispetto a questa civilizzazione che ci sta facendo tanto male. Capito, questo? Andate controcorrente; e questo significa fare rumore, andare avanti, ma con i valori della bellezza, della bontà e della verità.

8. Organizza bene il tuo chiasso

L'altro giorno, un prete per scherzo mi ha detto: «Sì, Lei continui pure a dire ai giovani di fare chiasso, continui pure... Ma poi, il chiasso che fanno i giovani dobbiamo gestirlo noi!» Fate chiasso, ma aiutate anche a gestire e organizzare il chiasso che fate. Fate chiasso e organizzatelo bene! Un chiasso che ci dia un cuore libero, un chiasso che ci dia solidarietà, un chiasso che ci dia speranza, un chiasso che nasca dall'aver conosciuto Gesù e dal sapere che Dio, che ho conosciuto, è la mia fortezza. Questo è il chiasso che vi invito a fare.

9. Smettila con la nostalgia della schiavitù

Esiste sempre nel nostro cammino esistenziale una tendenza a resistere alla liberazione; abbiamo paura della libertà e, paradossalmente, preferiamo più o meno consapevolmente la schiavitù. La libertà ci spaventa perché ci pone davanti al tempo e di fronte alla nostra responsabilità di viverlo bene. La schiavitù, invece, riduce il tempo a *momento* e così ci sentiamo più sicuri, cioè ci fa vivere momenti slegati dal loro passato e dal nostro futuro. In altre parole, la schiavitù ci impedisce di vivere pienamente e realmente il presente, perché lo svuota del passato e lo chiude di fronte al futuro, di fronte all'eternità. La schiavitù ci fa credere che non possiamo sognare, volare, sperare.

Ha detto una volta un grande artista italiano che per il Signore fu più facile togliere gli israeliti dall'Egitto che togliere l'Egitto dal cuore degli israeliti. Erano stati, sì, liberati *materialmente* dalla schiavitù, ma durante la marcia nel deserto con le varie difficoltà e con la fame cominciarono a provare nostalgia per l'Egitto e ricordavano quando «mangiavano... cipolle e aglio» (cfr *Nm* 11,5); ma si dimenticavano però che ne mangiavano al tavolo della schiavitù. Nel nostro cuore si annida la nostalgia della schiavitù, perché apparentemente più rassicurante della libertà, che è molto più rischiosa. Come ci piace essere ingabbiati da tanti fuochi d'artificio, apparentemente belli ma che durano solo pochi istanti! E questo è il regno, questo è il fascino del momento!

10. Datti al meglio della vita!

Non osservate la vita dal balcone.
Non confondete la felicità con un divano e non passate tutta la vostra vita davanti a uno schermo.
Non riducetevi nemmeno al triste spettacolo di un veicolo abbandonato.

Non siate auto parcheggiate, lasciate piuttosto sbocciare i sogni e prendete decisioni.
Rischiate, anche se sbaglierete.
Non sopravvivete con l'anima anestetizzata e non guardate il mondo come se foste turisti.
Fatevi sentire!
Scacciate le paure che vi paralizzano, per non diventare mummificati.
Vivete!
Datevi al meglio della vita!
Aprite le porte della gabbia e volate via!
Per favore, non andate in pensione prima del tempo.

FONTI

Introduzione
TU SEI UNA MERAVIGLIA: Omelia, 24 dicembre 2020

15 REGOLE PER UNA BUONA VITA: Udienza generale, 20 settembre 2017

I. SIAMO TUTTI PREZIOSI
Tu sei importante: Christus vivit, 115-116
Nessuno è escluso dalla gioia: Evangelii Gaudium, 2-3
Una grande scommessa: Saluto al pellegrinaggio dei giovani della diocesi di Piacenza-Bobbio, 28 agosto 2013
Anche le mie fragilità hanno un senso: Angelus, 6 giugno 2021
La tua preziosa missione: Gaudete et exsultate, 24
Dio ama per primo: Discorso, 18 gennaio 2015
C'è del bene (anche dove vediamo il male): Angelus, 19 luglio 2020
Dio ci perdona accarezzandoci: Omelia in Santa Marta, 7 aprile 2014
Punta in alto: Gaudete et exsultate, 32.34
Se vuoi, puoi guarirmi!: Angelus, 16 agosto 2020
L'inquietudine è un seme: Incontro coi giovani, 31 marzo 2014
Dio ha pazienza con te: Meditazione, 4 agosto 2016
Nessuno può dare al mondo quello che puoi dare tu: Discorso, 3 agosto 2019

II. IL MEGLIO DELLA VITA

La lezione più importante: Incontro con i giovani, Viaggio nello Sri Lanka e nelle Filippine, 18 gennaio 2015
L'armonia della saggezza: Discorso, 3 settembre 2020
Oltre la dolce vita: Discorso, 3 settembre 2020
Il valore delle piccole cose: Laudato si', 222
Alla fine, l'unica ricchezza è l'amore: Omelia, 15 novembre 2020
Girovagare non è viaggiare: Discorso, 2 dicembre 2017
Sii sovrano di te stesso: Meditazione in Santa Marta, 28 febbraio 2019
Tutto invoca misericordia: Udienza generale, 6 maggio 2020
L'amore di Cristo non è una telenovela: Meditazione in Santa Marta, 9 gennaio 2014
Scelte grandi rendono grande la vita: Omelia, 22 novembre 2020

III. IL MOMENTO UNICO È ADESSO

La nuova vita: Messaggio per la GMG, 2020
Siamo in debito: Udienza generale, 30 dicembre 2020
Il vero amore rende belli dentro: Discorso, 3 agosto 2019
Quando viene via il trucco: Meditazione in Santa Marta, 4 dicembre 2014
Alberi giovani e radici forti: Christus vivit, 179.200
Quali sono le mie radici?: Discorso, 15 settembre 2018
Tre consigli dello Spirito Santo per una vita buona: Omelia, 23 maggio 2021

IV. DA EVITARE ACCURATAMENTE

Il principe del mondo ci inganna la vita: Meditazione in Santa Marta, 4 maggio 2013
I pigri non entreranno nel Regno dei cieli: Discorso, 15 settembre 2018
Se dimentichiamo ciò che è buono...: Angelus, 15 agosto 2020
Tre nemici del bene: Omelia, 31 maggio 2020
L'individualismo: Fratelli tutti, 105
C'è una peste più brutta del Covid: Angelus, 6 settembre 2020
Non giudicare nessuno: Meditazione in Santa Marta, 9 aprile 2013
La tentazione del "magari...": Omelia, 15 novembre 2020

Vuoi portare l'odio in una bara?: Angelus, 13 settembre 2020
Vaccinarsi contro l'epidemia dell'indifferenza: Discorso, 12 settembre 2020
Vivacchiare: Discorso, 21 giugno 2015
La tentazione di rinviare: Angelus, 20 dicembre 2020
Pigrizia spirituale: Angelus, 28 febbraio 2021
Vuoi lasciare la tua impronta nella vita o solo sul divano?: Discorso, 30 luglio 2016
L'autogiustificazione: Gaudete et exsultate, 57
Il male dell'abitudine: Gaudete et exsultate, 137
Il rischio di cedere: Omelia, 1 aprile 2021
Quando dormire è pericoloso: Omelia, 29 novembre 2020

V. A CACCIA DI TESORI
Un cuore creativo e cercatore: Angelus, 26 luglio 2020
Trovare tempo per gli altri: Omelia, 1 gennaio 2021
Vivere nella speranza: Omelia, 29 novembre 2020
Cose nuove: Udienza generale, 23 settembre 2020
L'amicizia: Christus vivit, 151-153
Il perdono e la memoria: Fratelli tutti, 250-252
Chi è libero, pensa quel che fa: Discorso, 7 giugno 2013
Libertà, uguaglianza, fraternità: Fratelli tutti, 103-104
Portare gratitudine: Udienza generale, 30 dicembre 2020
La gentilezza: Fratelli tutti, 224
La castità: Discorso, 21 giugno 2015
Come sto a umiltà?: Angelus, 15 agosto 2021
Anche la vergogna è una virtù: Omelia a Santa Marta, 29 aprile 2013
La verità va custodita: Omelia, 16 maggio 2021
La pazienza: Omelia, 2 febbraio 2021
Una vita unificata: Omelia, 11 aprile 2021
Elogio della sobrietà: Laudato si', 223
Ciò che è meravigliosamente umano: Fratelli tutti, 117
Non privarti di un giorno felice: Gaudete et exsultate, 126-128
Sopra tutto è la carità: Fratelli tutti, 91-94
La gioia è contagiosa: Incontro, 6 luglio 2013

Riconoscersi piccoli per diventare grandi: Angelus, 3 ottobre 2021
Alzati e diventa ciò che sei!: Messaggio per la GMG, 2020

VI. E QUANDO C'È IL DOLORE?
Quando siamo nella tempesta: Angelus, 20 giugno 2021
Nessuno è immune dalla sofferenza: Misericordia et misera, 13
Dalla tomba non si esce… ma Gesù è uscito!: Omelia, 11 aprile 2020
Anche il Papa vive momenti duri: Omelia, 1 aprile 2021
Chi non sa piangere non è un buon cristiano: Discorso, 18 gennaio 2015
Confidare, anche nel pianto: Angelus, 1 novembre 2020
Alti e bassi, luci e ombre: Angelus, 29 novembre 2020
Anche i fallimenti sono un bene: Messaggio per la GMG, 2020
Saper piangere con gli altri: Gaudete et exsultate, 75-76
Quando il mondo sembra un deserto: Discorso, 15 agosto 2014
Un amico fedele che non viene mai meno: Udienza generale, 13 gennaio 2021

VII. COLTIVA LA SAPIENZA
Chiediamo in dono la saggezza del cuore: Udienza generale, 9 aprile 2014
La sapienza di Dio ci apre agli altri: Discorso per l'Incontro con i giovani, Viaggio apostolico in Myammar e Bangladesh, 2 dicembre 2017
Ascoltare gli umili: Udienza generale, 25 gennaio 2017
Non c'è futuro se non insieme: Omelia, 19 aprile 2020
Lasciati amare: Christus vivit, 115.117
Sabbie mobili: Angelus, 6 dicembre 2020
Il piano d'azione del cristiano: Discorso, Incontro con i giovani, Giornata mondiale della gioventù a Rio de Janeiro, 25 luglio 2013
Custodisci la fede!: Omelia, 16 maggio 2021
Fatti stella e diffondi la luce di Cristo: Angelus, 6 gennaio 2021
Una fede triste… meglio non averla: Angelus, 13 novembre 2020
Non temiamo di essere veritieri: Udienza generale, 25 agosto 2021
Dio è pane, non contorno: Angelus, 8 agosto 2021

Guardati dalla tentazione di pensare solo a te stesso: Omelia, 20 ottobre 2020

VIII. NON STARE AL BALCONE

Se cerchi Dio in poltrona o allo specchio… non lo troverai mai: Discorso, 15 settembre 2018
Spazi digitali e vita reale: Christus vivit, 90
L'invasione dell'intimità: Fratelli tutti, 42
I ponti non si costruiscono online: Fratelli tutti, 43
Non tutto può essere un "mi piace/non mi piace": Fratelli tutti, 48-50
Disposti a incontrarci oltre la rete: Fratelli tutti, 50
Quello che i robot non sanno fare: Discorso, 3 settembre 2020
Un grande passo per l'umanità: Angelus, 15 agosto 2020
Non essere una fotocopia, diventa te stesso: Christus vivit, 103-107

IX. SPORCATI LE MANI

Fate i conti con le vostre paure: Messaggio per la GMG, 2018
Piccoli passi per diventare migliori: Udienza generale, 19 novembre 2014
A chi vuoi somigliare?: Angelus, 5 luglio 2020
Solo l'amore risana la vita: Angelus, 27 giugno 2021
Dio si impegna con te, e tu?: Udienza giubilare, 20 febbraio 2016
Siate santi, ovunque vivete!: Gaudete et exsultate, 14
Non basta dire: «Che Dio ti aiuti»: Omelia, 30 maggio 2013
La vita non si fa a pennellate di vernice: Discorso, 15 settembre 2018
Un bravo cristiano: Udienza generale, 30 novembre 2016
Immunizzarci dalla tristezza: Omelia, 14 giugno 2020
Niente amori che ingannano!: Regina Coeli, 9 maggio 2021
Immergetevi nella vita: Discorso, 27 luglio 2013

X. MAI PIÙ DA SOLI

Il dialogo tiene insieme il mondo: Fratelli tutti, 198
Un mondo collegato… dove siamo tutti distanti: Discorso, 15 settembre 2018

Il coraggio di condividere il dolore altrui: Angelus, 2 agosto 2020
Carestie d'amore: Discorso, 15 settembre 2018
Estasi e comunione: Christus vivit, 164
Quando un mattone vale più di un uomo: Udienza generale, 2 settembre 2020
Non basta non fare del male…: Angelus, 15 novembre 2020
Ogni giorno un'occasione: Fratelli tutti, 77-78
Asciuga le lacrime dei tuoi fratelli: Misericordia et misera, 13
Se avverti il buio della solitudine: Omelia, 23 maggio 2021
Abbiamo bisogno di tutti: Laudato si', 229-230
Fraternità e amicizia sociale: Fratelli tutti, 3-5
Dovunque tu sia, fai pace!: Angelus, 4 gennaio 2015
Una nuova alleanza, tra giovani e anziani: Omelia, 25 luglio 2021
Dialogo e identità: Fratelli tutti, 143.148
Mura da evitare: Fratelli tutti, 146
Costruiamo una cultura del "prendersi cura": Angelus, 1° gennaio 2021
Un meraviglioso pellegrinaggio comune: Laudato si', 92

XI. CONTROCORRENTE
Contro la mentalità dell'"usa e getta": Omelia, 22 novembre 2020
Luce artificiale e luce di pace: Meditazione in Santa Marta, 3 settembre 2013
Vedo quel che guardo?: Messaggio per la GMG, 2020
Contro gli smidollati: Incontro con i giovani, 12 luglio 2015, viaggio in Ecuador, Bolivia e Paraguay
Contro gli arroganti: Angelus, 1° novembre 2020
Per la giustizia, contro le ingiustizie: Meditazione in Santa Marta, 9 giugno 2014
Contro la mondanità: Messaggio per la GMG, 2014
Vita sobria: Gaudete et exsultate, 60-70
Con la condivisione Gesù compie miracoli: Angelus, 25 luglio 2021
Lascia che pensino che sei sciocco…: Omelia a Santa Marta, 9 giugno 2014
Dio è sempre novità: Gaudete et exsultate, 135

Siate fieri di andare controcorrente!: Angelus, 23 giugno 2013

XII. HAI GLI OCCHI, CONTEMPLA!
Facciamo silenzio: Discorso, 12 settembre 2020
Parole d'amore ci circondano: Laudato si', 225.227
Adulti con un cuore giovane: Christus vivit, 159
Il bene cresce di nascosto: Angelus, 13 giugno 2021
Un modo per essere umani: Udienza generale, 5 maggio 2021
Chi contempla custodisce: Udienza generale, 16 settembre 2020
Imparare da Marta e da Maria: Angelus, 21 luglio 2013
Meditare è fare un respiro nella vita: Udienza generale, 28 aprile 2021
Un'attenzione da non perdere: Gaudete et exsultate, 26
La preghiera non è una passeggiata: Udienza generale, 12 maggio 2021
Chi prega porta il mondo: Udienza generale, 16 dicembre 2020
Il combattimento di sant'Antonio: Udienza generale, 12 maggio 2021
Con la preghiera facciamo spazio: Udienza generale, 7 maggio 2014
Impara cosa dire al Signore: Meditazione in Santa Marta, 1 luglio 2013
La grazia si chiede lottando: Udienza generale, 12 maggio 2021
Non estasi, ma perseveranza: Udienza generale, 19 maggio 2021
Siamo un soffio, che però sa pregare: Udienza generale, 10 febbraio 2021
La madre di tutte le parabole: Angelus, 12 luglio 2020
Oggi è il giorno più bello: Udienza generale, 10 febbraio 2021

XIII. NON SMETTERE DI SOGNARE
Meglio essere Don Chisciotte che Sancho Panza: Discorso, 15 settembre 2018
Non siamo scelti per le cosine piccole: Omelia, 28 aprile 2013
Rinnova il tuo fuoco a ogni età: Christus vivit, 160-161
Se gli anziani non sognano...: Christus vivit, 193
Non c'è fedeltà senza rischio: Omelia, novembre 2020
Non lasciare che la vita ti voli via: Angelus, 24 gennaio 2021

L'importanza dello stupore: Omelia, 28 marzo 2021
Quando si fanno strada ansia e insicurezza: Christus vivit, 142
Da dove nasce la gioia: Angelus, 15 agosto 2020
Riscopriamo il senso dell'attesa: Angelus, 8 novembre 2020
Prima di tutto, sognate!: Discorso, 20 settembre 2015

XIV. COME SVELARE LA MERAVIGLIA CHE È IN TE
1. *Compi scelte definitive e radicali:* Omelia a Santa Marta, 25 novembre 2013
2. *Riempi d'amore ogni momento:* Christus vivit
3. *Non scandalizzarti di Gesù che passa:* Angelus, 4 luglio 2021
4. *Non aver paura di Dio:* Angelus, 17 gennaio 2021
5. *Rischia, ma cammina!:* Discorso, 18 giugno 2016
6. *Abbi il coraggio di rialzarti sempre:* Messaggio per la GMG, 2020
7. *Fa' rumore con la bellezza, la bontà e la verità:* Saluto, 28 agosto 2013
8. *Organizza bene il tuo chiasso:* Discorso, 25 luglio 2013
9. *Smettila con la nostalgia della schiavitù:* Omelia, 31 dicembre 2014
10. *Datti al meglio della vita!:* Christus vivit, 143

INDICE

Finito di stampare nel mese di dicembre 2021 presso
Puntoweb - Ariccia (RM)
Printed in Italy